中国现代财税金融体制建设丛书

吴晓求　庄毓敏　主编

现代信用体系建设

黄勃　著

中国人民大学出版社
·北京·

总 序

中国式现代化的经济基础与财政金融的作用*

吴晓求

党的十九届五中全会提出要"建立现代财税金融体制",党的二十大报告对中国式现代化的内涵进行了全面而深刻的阐述,凸显了建立现代财税金融体制的重要性。现代财税金融体制建设包含宏微观金融体制建设和财税体制建设。其中,宏微观金融体制建设主要涉及现代中央银行制度、现代货币政策体系、现代宏观审慎政策及监管框架、现代商业银行制度、现代保险制度、现代资本市场、现代公司金融制度以及现代信用风险管理等内容,财税体制建设主要涉及现代预算制度、现代税收制度以及政府间财政关系等内容。中国人民大学财政金融学院组织专家学者对上述问题展开深入研究,形成了"中国现代财税金融体制建设丛书",以期为中国式现代化建设贡献智慧。谨以此文作为这一丛书的总序。

中国式现代化内涵丰富,下面重点从经济和财政金融的角度,对中国式现代化的经济基础和财政金融的作用做一些粗浅的分析。

一、如何理解中国式现代化

党的二十大报告对中国式现代化做了准确而全面的概括:中国式

---

* 此文曾发表在 2022 年第 4 期的《应用经济学评论》上,作为本丛书总序,作者对其做了一些增减和修改。

现代化是人口规模巨大的现代化，是全体人民共同富裕的现代化，是物质文明和精神文明相协调的现代化，是人与自然和谐共生的现代化，是走和平发展道路的现代化。同时党的二十大报告强调指出，中国式现代化是中国共产党领导的社会主义现代化，这既体现了国际社会公认的现代化的基本内涵，又体现了中国特色。这同我们所走的中国特色社会主义市场经济发展道路一样：既体现了市场经济的一般原则，具有现代市场经济的基本内涵，又是人类社会探索市场经济发展道路的一种新形式。我们不是模仿、照抄以美国为代表的西方发达国家所走过的市场经济发展道路，而是根据中国国情进行创造性探索。中国式现代化同中国特色社会主义市场经济一样，既体现了国际社会的共识和人类社会的文明成果，又走了一条中国式的发展道路。实践表明，把普遍原理与中国国情相结合，是我们成功的法宝。

中国式现代化体现了中华民族的智慧——勤于学习、善于改造、敢于创新，同时又充分吸收了人类文明的优秀成果。人类文明的优秀成果是我们理论创新的起点。创新不是空穴来风，不是海市蜃楼，而是要以人类对已有文明成果的积累和丰富的实践为基础。中国式现代化这一概念就是基于这样的思考而提出的。

中国式现代化，首先有国际社会一般认知的现代化内涵。国际社会所认知的现代化有多重指标。在这多重指标中有一个核心指标，那就是现代化国家首先应是一个发达国家，是发达国家当然也就是高收入国家。所以，成为高收入国家、发达国家是实现中国式现代化的前提条件。我们要实现中国式现代化，首先就要进入高收入国家行列并成为发达国家。

世界银行、国际货币基金组织等权威国际机构对高收入国家、发达国家都有自己的定义。例如，2021年世界银行公布的高收入国家的经济指标门槛是人均国民总收入（GNI）12 695美元，国际货币基金组织公布的发达国家的经济指标门槛是人均国内生产总值（GDP）2万美元。2021年中国GDP为114.92万亿元人民币，按照当时的汇率计算，中国人均 GDP 已达 12 551 美元。2021 年中国人均 GNI 为 11 890 美元，中国居上中等收入国家行列。

国际上现有的发达国家均首先跨越了人均 GDP 这一经济指标的门槛。除此之外，要成为发达国家，还必须达到生态环境、人均预期寿命、教育水平、法制基础、贫富差距、社会公平、创新能力和国际影响力等方面的一系列社会指标标准。所以，中国式现代化的实现过程也就是经济社会全面发展的过程，而不是单一指标的突进。

过去，我们赖以生存的环境包括土壤、空气和水资源都受到了不同程度的污染。改善环境，走绿色发展之路是我们未来面临的艰巨任务。中国人均预期寿命现在处在世界先进行列。自新中国成立以来，我们在这方面取得了举世瞩目的成就。在新中国成立之前，中国人均预期寿命很短，不到 40 岁。那个年代战争频发、经济发展水平低、粮食供应不足、医疗卫生体系落后，人均预期寿命短。2021 年，中国人均预期寿命为 78.2 岁，女性比男性略高。在人均预期寿命这一指标上，中国进入了发达国家行列。虽然人均预期寿命较高，但中国的医疗资源相对短缺，医疗卫生体系相对脆弱。我们要大力改善医疗卫生体系，提升人们的健康水平，让所有人都能得到应有的医疗保障。

我国一直在努力提高教育水平，改善教育条件，但我国的教育状况与中国式现代化的要求还有较大差距。让适龄儿童和青少年接受良好的教育仍然是我国教育面临的最大任务之一。我们要着力改善基础教育，进一步完善义务教育制度，这是实现现代化的重要举措。我们要对农村偏远地区的基础教育加大投入，让每个适龄儿童和少年都能上得起学。

法制建设要进一步改善。自党的十八大以来，中国法制建设取得了长足进步。我国颁布了《中华人民共和国民法典》，这是中国法制建设的重要标志，为保护财产权、保障市场主体的平等地位提供了坚实的法律保障。自党的十八大以来，中国的反腐败行动取得了历史性进步，清洁了社会环境，积极培育和践行社会主义核心价值观。但中国的法制观念、法治化水平与中国式现代化的标准还有较大差距。一些地方乱作为、胡作为的现象时有发生，一些和法律精神相抵触、相背离的政策仍然存在。中国式现代化一定是法制建设的现代化，是法治国家的现代化。

中国式现代化还必须有极强的创新能力。没有创新能力，经济社会就会停滞，经济增长和社会发展就会缺乏源源不断的动力。创新是一个国家现代化的重要保障。世界上有些国家曾经接近、达到甚至超过发达国家的起点标准，但是由于创新能力不足，腐败严重，加上政策严重失误，因而停留在或退回到中等收入国家行列，学术界把这种现象称为"中等收入陷阱"。历史上，在迈向现代化国家的过程中，有些国家要么迈不过去，落入"中等收入陷阱"，要么短期跨越了"中等收入陷阱"，一度成为高收入国家，但在较短时间内又退回到中等收入国家行列。我们要总结这些国家的教训，避免走弯路、进"陷阱"，防止出现它们的失误和曲折。

从历史经验看，创新机制和创新能力对一个国家迈向发达国家极为重要。这里的创新指的是多方面的创新。首先是技术创新。中国要建成现代化国家，经济结构转型和基于技术进步的产业迭代是基本路径。我们不能停留在低端产业，也不可能通过资源型企业把中国带入现代化。我们必须进行技术创新，推动产业升级换代，提升经济竞争力。中国经济的竞争力在于技术进步和高科技产业发展。

除了技术创新外，观念创新、制度创新、模式创新、组织创新都非常重要。我们面对的是越来越不确定的未来，高科技企业的商业模式、组织模式需要创新。试图用传统产业的模式去发展高科技产业，那肯定是行不通的。不少人只意识到了技术创新的重要性，没有意识到观念创新、制度创新、模式创新、组织创新的重要性。实际上，这些创新都是中国式现代化创新的重要内涵。

中国是一个人口规模巨大的国家，其现代化一定会改变全球格局，对全球产生巨大而深远的影响。我们所追求的现代化是中国式的，有鲜明的中国特征。党的二十大报告把中国式现代化的特征概括为五点，这五点中最引起人们关注的是全体人民共同富裕的现代化。

共同富裕是中国特色社会主义的本质要求，体现了中国共产党人的初心使命。从中国共产党成立那天起到1949年中华人民共和国成立，再到1978年改革开放，再到党的二十大，在每个时期，实现全体人民共同富裕都是我们的目标，这个目标从来没有动摇过。1955年，毛泽东同志指出，富是共同的富，强是共同的强。1990年，邓小平同志指出，共同致富，我们从改革一开始就讲，将来总有一天要成为中心课题。共同富裕一开始就在邓小平同志改革开放的战略设计中。习近平总书记指出，共同富裕是中国特色社会主义的根本原则，所以必须使发展成果更多更公平惠及全体人民，朝着共同富裕方向稳步前进。

让中国人民富起来，实现共同富裕，是中国共产党人的初心使命的重要体现，对于这个目标，中国共产党人从来没有动摇过。今天我们所要实现的中国式现代化，一定是全体人民共同富裕的现代化，我们一直都在朝着这个目标努力。

二、中国式现代化的经济基础

要实现中国式现代化，首先必须成为高收入国家，成为发达国家，所以保持经济的可持续增长就成了当前乃至未来相当长时期内的重要任务。只有保持经济的可持续增长，财富才能源源不断地被创造出来，中国式现代化才可能实现。

这里有一个基本判断：什么样的体制和政策能使经济处在可持续增长中？我认为，中国特色社会主义市场经济体制是中国经济可持续增长最重要的体制基础，继续深化改革、不断推进高水平开放是中国经济可持续增长最重要的政策取向。中国特色社会主义市场经济是现代市场经济的一种业态、一种新的探索形式，体现了市场经济的一般原理。

市场经济是建立在分工和交易的基础上的。分工是市场经济存在的前提,没有分工就没有市场,没有市场就没有公允的价格,也就没有公平的交易。没有分工、没有市场、没有交易,那就是自然经济。自然经济不可能让人类社会富裕起来,只有基于分工和交易的市场经济,才能大幅度提高劳动生产率,才能源源不断地创造出新的财富。只要我们继续坚持中国特色社会主义市场经济体制,就能够把财富源源不断地创造出来,因为它是基于分工的,市场是自由的,价格是公允的,交易是公平的,市场主体的地位是平等的。

改革开放前的中国是一个贫穷落后的国家,大多数人处在贫困状态。改革开放后,我们选择了一条市场经济道路,人民开始富裕起来了。我们所走的市场经济道路,不是自由市场经济道路,而是中国特色社会主义市场经济发展道路。改革开放后,我们要迅速摆脱贫困,让老百姓能够吃饱饭,但是按自然演进的市场经济模式难以快速实现这一目标。后发国家有后发优势,可以学习、借鉴发达国家的经验,实现经济的跨越式发展。一段时间以来,我们重视引进外资,重视引进国际先进技术,重视学习和借鉴国际先进经验,在此基础上探索自己的发展道路。

要实现跨越式发展,除了必须尊重分工、自由的市场、公允的价格、公平的交易和市场主体的平等地位外,一个很重要的机制就是要发挥并优化政府的作用。改革开放40多年来,各级政府在中国经济社会发展中起着特别重要的作用,这是中国经济发展模式的重要特征。举例来说,中国的地方政府在经济发展和现代化建设中起到了重要的作用,地方政府大力招商引资,高度重视经济建设。又如,各类工业园区、技术开发区的设立也是中国特色。存量改革阻力很大,要对老工业城市和老工业基地进行市场化的存量改革非常困难。地方政府根据中央的精神,制定自己的发展战略,建立各种工业园区、技术开发区,引进资本和新技术,以增量活力引导存量改革。再如,中央政府的"五年规划"以及经济特区、区域经济发展战略对中国经济发展发挥了顶层设计和引领的作用。上述特征都是中国特色社会主义市场经济体制的重要体现。

在中国式现代化的实现过程中,我们必须进一步推进市场化改革、推动高水平开放。市场化改革和中国特色社会主义市场经济模式在方向上是完全一致的。只有不断深化市场化改革,才能不断完善中国特色社会主义市场经济模式。

我们制定了"双循环"发展战略,这是基于中国国情和中国实际情况以及全球形势变化而做出的战略转型。"双循环"发展战略强调以内循环为主,内循环和外循环协调发展,但这绝不是否认外部需求对中国经济发展的重要作用。实际上,推动高水平开放在今天仍然至关重要。习近平总书记指出,改革开放是中国共产党的一次伟大觉醒,不仅深刻改变了中国,也深刻影响了世界。今天中国虽然已经发展起来了,资本充盈甚至有些过剩,但对外开放仍然是很重要的,要高度重视外资和外国先进技术的引进,重视外部市场的拓展。

2001年12月,中国加入WTO,这是中国经济在近现代第一次全面融入国际经济体系。这种对外部世界的开放和融合,使中国经济发生了根本性变化。中国的实践表明,对外开放对中国式现代化的实现具有巨大而深远的影响。

要实现中国式现代化,必须实现全体人民的共同富裕。共同富裕一直是我们追求的目标,从未动摇。在我的理解中,实现共同富裕要处理好三个关系。

首先,要保护并优化财富创造机制。要让社会财富不断地丰盈起来,就必须共同奋斗,不存在"等靠要"式的"躺平"。"等靠要"与共同富裕毫无关系。共同富裕一定是每个人都很努力,共同创造可以分配的增量财富。没有增量财富,存量财富很快就会枯竭。每个人都要努力地创造增量财富,不能只盯着存量财富。中国还不是高收入国家,只是刚刚全面建成小康社会的上中等收入国家。要让人民越来越富裕、社会财富越来越多,高效率的财富创造机制是关键。

其次,要进一步改革收入分配制度。收入分配制度改革的基本着力点是适度提高劳动者报酬,在再分配环节更加注重公平。我们要让低收入阶层、贫困家庭过上正常的生活,通过转移支付、救济等方式保障他们的基本生活。要实现基本公共服务均等化。转移支付、困难补助、救济等都是再分配的重要内容。党的二十大报告专门强调要规范收入分配秩序,意义深远。

最后,要形成有效的财富积累机制。有效的财富积累机制是下一轮经济增长和财富创造的重要前提。没有财富的积累,就难以推动下一轮经济增长。党的二十大报告提出要规范财富积累机制,这蕴含了深刻的含义。

财富积累除了另类投资外,主要有四种方式:

一是将现期收入减去现期消费之后的剩余收入,以居民储蓄存款的形式存入银行。这是大多数中国人财富积累的主要方式。

二是投资风险性金融资产,比如股票、债券、基金等。投资这种风险性金融资产是现代社会财富积累的重要方式,是未来财富积累的主流业态。

三是创业。创业的风险比前两种财富积累方式要大得多,存在巨大的不确定性。创业不成功,投资就会失败。创业一旦成功,财富就会按几何级数增长。在这里,收益与风险是相互匹配的。政策应鼓励人们去创业、创造,这是财富增长最坚实的基础。

四是投资房地产。2004年以后,中国房地产业发展速度惊人,房价飞涨。在10年左右的时间里,一线城市的房价涨了20倍以上。投资房地产在一个时期成了人们财富积累的重要方式。

如何理解规范财富积累机制?

我认为,第一,要完善法制,让人们的财产权和存量财富得到有效保护。第二,必须关注财富积累方式的调整。畸形的房地产化的财富积累方式,给中国经济和金融体系带来了潜在的巨大风险和危机。

中国居民的资产有百分之六七十都在房地产上，这是不正常的。规范财富积累机制是金融结构性改革的重点。过度投资房地产的财富积累方式，应是规范的重点。

三、财政金融在中国式现代化中的作用

在中国式现代化的建设进程中，财政金融的作用十分关键。

（一）财政的作用

中国式现代化不仅要求经济可持续增长，还要求增长成果更好地惠及全体人民、实现共同富裕。财政政策在这两个方面均可以发挥积极的作用。首先，财政政策是推动经济可持续增长的重要手段。我们知道，经济可持续增长要求有良好的基础设施，包括交通等经济基础设施和教育医疗等社会基础设施。就经济基础设施而言，我国交通等传统基础设施已经实现了跨越式发展，而大数据中心、人工智能、工业互联网等新型基础设施还较为薄弱，需要各级政府加大财政投资力度，尽快建设能够提供数字转型、智能升级、融合创新等服务的新型基础设施体系。教育医疗等社会基础设施在很大程度上决定了一个国家的人力资本水平，构成了经济可持续增长的重要动力源泉，也决定了增长的成果能否更好地惠及全体人民。在这方面，我国的缺口还比较大，与人民的期许还有较大的距离，因此需要各级政府加大对教育医疗等领域的财政投入力度。

技术创新同样离不开财政政策的支持。技术创新充满了不确定性和风险，但也存在很大的正外部性，完全依靠市场和企业往往是不足的。这就需要政府利用财政补贴和税收优惠等措施来为企业分担风险，以激励企业更好地进行技术创新，推动技术进步。

其次，财政政策是促使增长成果更好地惠及全体人民、实现共同

富裕的重要手段。共同富裕不仅需要解决绝对贫困问题，也需要缩小收入分配差距。自党的十八大以来，我国高度重视绝对贫困问题，实施了精准扶贫战略，消除了绝对贫困，取得了彪炳史册的巨大成就。今后，在中国式现代化的实现过程中，还需要加大财政政策支持力度，切实防止规模性返贫。

缩小收入分配差距，实现收入分配公平，需要在保障低收入者基本生活的基础上增加低收入者的收入，扩大中等收入群体，并调节过高收入。保障低收入者基本生活的重点在于完善社会保障体系，充分发挥社会保障体系的兜底作用，在这方面既要尽力而为，又要量力而行。增加低收入者的收入、扩大中等收入群体的重点在于坚持多劳多得，鼓励勤劳致富，促进机会公平，完善按要素分配政策制度，探索多种渠道增加中低收入群众要素收入，多渠道增加城乡居民财产性收入。调节过高收入的核心在于完善个人所得税政策，充分发挥个人所得税的收入调节作用，但也需避免对高收入者工作努力和投资努力等的过度抑制。

最后，实现共同富裕还需要着力解决好城乡差距较大和区域发展不平衡等突出问题，这同样离不开财政政策。就中国的实际情况来看，解决好城乡差距问题的核心在于乡村振兴。我国的农村基础设施和农业技术创新还比较薄弱，这是乡村振兴面临的瓶颈，需要加大财政投入力度，着力加以破解。区域发展不平衡的原因有很多，而基本公共服务不均衡无疑是其中重要的一个。这就要求完善政府间转移支付制度，加大均衡性转移支付，促进财政横向均等化。

中国式现代化需要国家治理体系和治理能力现代化为之"保驾护航"。党的十八届三中全会明确提出，财政是国家治理的基础和重要支柱。由此来看，财政的现代化是中国式现代化的一个基础性和支柱性要素。我认为，要实现财政的现代化，需要着力推进以下三个方面的改革：

（1）财政政策的现代化。首先，需要进一步处理好政府与市场的关系，明确市场经济条件下政府的职能定位以及政府干预的合理边界，使市场在资源配置中起决定性作用，同时更好发挥政府作用。其次，需要进一步统筹好发展与安全，要充分发挥财政政策在促进经济社会发展中的积极作用，也要着力确保财政可持续性，防范化解财政风险，尤其是地方政府债务风险。最后，需要进一步完善财政政策体系和治理机制，促进中长期战略规划和短期相机抉择政策，以及总量治理（需求侧）和结构治理（供给侧）的有效协同，提升财政政策的治理效能。

（2）政府间财政关系的现代化。中国式现代化的实现需要中央与地方各级政府的共同努力，现代化的政府间财政关系对于有效调动中央与地方两个积极性是至关重要的。而且，科学合理的政府间财政关系也是规范各级政府行为、构建良好的政府与市场关系的前提与基础。这需要进一步深化改革，构建起目标兼容、激励相容的现代财政体制。其中的关键是要确定科学、合理、清晰的财政事权与支出责任划分、财政收入划分以及财政转移支付制度，形成一个财政收支责任更为匹配，有利于兼顾中央与地方利益、确保分权制度效率和控制道德风险的制度安排，最终实现权责清晰、财力协调和区域均衡的目标。

（3）财政制度的现代化。党的十九大报告强调要加快建立现代财政制度。预算制度的现代化是现代财政制度的重要构成，是推进中国式现代化的重要保障。这其中的重点是进一步推进预算制度的科学规范、公开透明和民主监督。税收制度的现代化也是现代财政制度的重要构成，需要进一步深化改革，且改革的重点应放在公平税制、优化税种结构、健全相关法律法规、完善征管体系上。

（二）金融的作用

我们知道，中国式现代化首先是要确保经济的可持续增长，使增量财富源源不断地被创造出来，这就意味着经济增长要有可持续性。

要实现中国经济的可持续增长，就必须推动经济结构转型，促进科技进步，实现产业升级乃至产业迭代。基于科技进步的产业迭代是未来中国实现现代化的先导力量，寄希望于借助传统产业和资源型企业让中国实现现代化，那是不可能的。

我们必须着力推动科技创新、技术进步、产业升级和产业迭代。但是，从新技术到新产业的转化充满了不确定性或风险。一方面，新技术、新产业没有既成的足够的需求，没有确定的市场；另一方面，它们又会受到传统产业的打压和阻挠，所以新技术变成新产业的过程充满了不确定性。这种不确定性超出了单个资本的风险承受边界，更超出了创业者的风险承受边界。社会需要一种机制来分散从新技术向新产业转化过程中的巨大风险。

分散风险必须进行有效的资源配置，这就需要进行金融创新。没有金融创新，从新技术向新产业转化的速度就会减缓，效率也低。回望20世纪80年代，美国和日本的产业竞争力差不多，后来美国之所以大幅度超越日本，就是因为金融创新起到了重要推动作用。硅谷的成功既是科技和产业结合的典范，也是金融创新的硕果。没有金融创新，就不太可能有硅谷。大家只看到高科技、新产业，没有看到金融创新在其中所起的孵化和促进作用，它发挥着分散风险的功能。如果我们只停留在传统金融占主导的金融模式中，实现中国式现代化将会遇到很多困难。

在中国，金融必须承担起推动科技创新、技术进步、产业升级和产业迭代的任务。所以，金融创新呼之欲出、应运而生。无论是基于脱媒力量的金融变革，还是基于科技进步的金融创新，目的都是拓展资本业态、金融业态的多样性。金融创新的结果是金融的结构性变革和金融功能的全方位提升，实现金融功能由单一走向多元。金融功能的多元化和金融业态的多样性，是现代金融的基本特征。

金融要服务于实体经济，很重要的是要服务于代表未来发展方向的实体经济。金融的使命不是复制历史，而是创造未来。如果金融只是保护传统、复制历史，这种金融就是落后的金融。如果金融关注的是未来，金融业态的多样性就会助力产业的升级换代。一个现代化国家经济的竞争力，在于科技的力量、金融的力量，而不在于其他。

资本业态的多样性是金融业态多样性最富有生命力的表现。从天使投资、风险投资/私募股权投资（VC/PE）到各种功能多元的私募基金和多种新资本业态的蓬勃发展，都是金融创新的重要表现。

金融服务于实体经济，不仅要满足实体经济对融资的需求，还要满足社会多样化的财富管理需求。随着居民收入水平的提高，社会对财富管理的需求日益多样，需要有与其风险偏好相适应的资产类型。越来越多的人倾向于通过市场化的资产组合进行财富管理，以获得超过无风险收益率的风险收益率。所以，金融体系必须创造具有成长性的风险资产，风险资产的背后是风险收益。满足居民日益多样化的财富管理需求，也是金融服务于实体经济的重要内容。

中国式现代化有一个基本元素，就是金融的现代化。如果金融是传统的，那么说中国实现了现代化，恐怕就要打折扣。所以，中国式现代化当然包括中国金融的现代化。金融的现代化一定包括金融功能的多元化。融资、财富管理、便捷支付、激励机制、信息引导等都是金融的功能，金融体系必须充分发挥这些功能。

金融的现代化意味着金融普惠程度的提高。一个缺乏普惠性的金融很难说是现代化的金融。如果金融只为富人、大企业服务，忽略小微企业的融资需求，忽略中低收入阶层的财富管理需求，这种金融仍然不是现代化的金融。

要实现中国金融的现代化，我们必须着力推进以下三个方面的改革：

（1）进一步深入推进市场化改革。市场化改革最重要的是完成金融结构的转型，其中金融功能结构的变革最为重要。我不太关注金融机构体系，而十分关注金融的功能结构。商业银行的传统业务是存、贷、汇，现代商业银行也有其新的功能，如财富管理。处在靠传统利差生存阶段的商业银行是没有竞争力的，市场估值很低。为什么我们的上市银行盈利很高，在资本市场上估值却很低？这是因为它们功能单一，创新不足。这表明，中国商业银行的创新和转型极为重要。市场化改革最大的任务就是要实现金融功能的多元化。

（2）大幅度提高科技水平。没有科技水平的提高，中国金融的发展就只能走老路，只能步发达国家后尘。我们仅靠脱媒和市场化机制去改革金融体系是不够的，还必须通过技术的力量去推动中国金融的变革和发展。我们要高度重视科技对中国金融的作用，因为科技可以从根本上改变信用甄别机制。金融的基石是信用，防范金融风险的前提是信用甄别。在今天的实践中，传统的信用甄别手段识别不了新的风险，因此，通过技术创新提升信用甄别能力变得非常重要。互联网金融网贷平台从本质上说有其存在的价值，但为什么在中国几乎全军覆没？这是因为它们没有解决相应的信用甄别问题，试图用传统的信用甄别方式去观测线上风险，那肯定是没有出路的。

（3）开放和国际化。封闭的金融肯定不是现代化的金融。现代化的金融一定是开放的金融、国际化的金融。所以，中国金融的开放和国际化是未来最重要的改革方向。这其中有两个基本支点：

第一，人民币的自由化和国际化。人民币可自由交易的改革是必须迈过去的坎，是人民币国际化的起点。在世界前十大经济体中，只有中国没有完成本币的自由化。

第二，中国资本市场的对外开放。在中国资本市场上，2022年境外投资者的占比只有约4.5%，而在美国这一占比一般约为18.5%，在东京、伦敦则超过30%。当前的中国金融市场实际上只是一个半封闭、半开放的市场。中国金融未来改革的重点就是开放和国际化，这是中国金融现代化的核心内容。唯有这样的金融，才能有效推动中国式现代化的实现。

前 言

中国素称"礼仪之邦",诚实守信历来是中华民族的传统美德,然传统文化对诚信的推崇与现代意义上的信用体系之晚成在同一片土地上并行不悖,究其原因,思想文化提供了社会信用制度建设的内在力量,但制度建设不能仅仅依靠道德观念,还有赖于外力的塑造。纵观历史,缺乏制度化安排的信用体系在古代社会并没有停摆、崩溃,其长期稳定并非有赖于制度供给之充分,而是由于稳定的社会关系下社会道德准则约束的有效性。

及至今日,在以习近平同志为核心的党中央的领导下,我国步入了社会主义现代化建设的新时期,与之相适应,新时代中国特色社会主义信用体系建设的大幕也徐徐拉开。2022年3月,中共中央办公厅和国务院办公厅印发《关于推进社会信用体系建设高质量发展促进形成新发展格局的意见》,对中国特色社会主义信用体系建设走向高质量发展之路提出了新要求;党的二十大同样高度重视信用在我国市场经济中的作用。而在建设过程中,一方面,我们要树立文化自信,中国古代的思想巨擘对信用问题有深刻而富有远见的论述,我国也在从封建社会到社会主义社会的演进过程中发展出了一套适应基本国情的信用体系,足以在扬弃中汲取养分,以资借鉴;另一方面,西方商业立国,信用制度一马当先,我国作为后来者在改革开放后逐步建立了信用制度。厘清西方信用体系发展的脉络、总结其发展规律、分析其利弊得失，也有利于我们开拓未知的荒原。

有鉴于此，本书谋篇布局如下：

第一部分介绍信用体系的基本理论，包括第一章。第一章抽象地、概括地介绍信用与信用体系。信用既是一个社会学名词，也是一个经济学概念。信用体系发展到中国特色社会主义新时代，已经将经济和社会生活等方方面面囊括进来，其目标是建设"信用中国"，不可偏废。

第二部分回顾西方与中国信用体系的发展历程和历史背景，包括第二至五章。第二章介绍西方信用体系，第三章、第四章以新中国的成立为分野节点介绍中国信用体系的演化，第五章审视中西方两条演化路径的差异并提炼共同规律。

本书溯源东西方深刻的文化背景和经济基础，认为不应当脱离时代语境评价信用体系在当时当地的价值，每一种具体的制度都建立在具体的经济基础之上，与社会环境相适应、与社会需求相契合。西方文明自始以商品交换立足，信用活动能大大降低生产和交易成本、提高经营效率；反观中国建立在江河侧畔的农业文明，生产自给自足、民众缺乏交流与流动，封建社会时期以小农经济为基础的社会将大规模的商业和人口流动视作社会稳定的威胁，在这种环境下对信用的需求较少，缺乏制度化的信用体系安排也就顺理成章了。

中西方信用体系的发展史实验证了马克思"经济基础决定上层建筑"的论断，近代以来中国两度直接移植西方的信用体系最终水土不服也说明，中国应当结合自身国情和发展阶段，建设具有中国特色的社会主义信用体系，这正是今天国家推动建设信用体系的深刻背景。

第三部分介绍新时代中国特色社会主义信用体系，包括第六章。第六章阐释新时代中国特色社会主义信用体系的内容与独特性。进入 21 世纪以来我国陆续出现了几起诚信生产问题，暴露出社会信用建设的缺位。国务院 2014 年印发的《社会信用体系建设规划纲要（2014—2020 年）》指出，新时代中国特色社会主义信用体系不仅限于经济领域，还包括社会诚信领域，是覆盖面广大的包罗式发展的信用体系。因此我们讨论的信用体系也不能停留于传统的银行信用、国家信用等形式，诚信向社会治理的全方位渗透是新时代中国特色社会主义信用体系的重要特征。

在建设方法上，我们应该树立高度的文化自信，从中华民族几千年积淀的优秀传统文化中汲取养分，用好本土的理论养料；同时政府应继续充当长久以来的外部制度供给者角色，完成顶层设计，"自上而下"地推动信用体系建设；此外，还应抓住我国在大数据等技术方面的领先优势，构建全方位的信用信息网络，努力缩小与西方国家"信用社会"的差距，甚至实现弯道超车。同时，在新时代、新背景、新挑战下，我们要努力实现社会信用体系的规范化、科学化、协同化，从而实现我国社会信用体系的高质量发展。

本成果受到中国人民大学中国财政金融政策研究中心资金支持。

由于笔者水平有限，写作经验尚欠丰富，书中论述难免存在不足和瑕疵，史料的收集也未必详尽，挂一漏万、欠佳之处在所难免，恳请广大读者不吝赐教、拨冗指正。同时，在此一并感谢参与本书撰写工作的同学，他们是来自中国人民大学财政金融学院的刘海琦、易俊江、孙亦茗和易格格。唯愿以此书为我国现代信用体系之建设尽一些绵薄力量，增添一点文化自信、一块他山之石、一句时代之音。

是为序。

目 录

| 第一章 |

信用与信用体系概述 / 1

一、信用的基本含义 / 1

二、信用体系的组成 / 7

| 第二章 |

西方信用体系演化 / 15

一、古典时期：早期信用体系框架的确立 / 16

二、中世纪：信用体系逐步成形 / 20

三、近代：信用体系趋于成熟 / 29

四、现代：信用体系的完善及其特点 / 42

| 第三章 |

古代与近代中国的信用体系 / 60

一、传统中国的社会特征 / 60

二、传统中国的信用体系 / 72

三、商业发展后信用体系的变化 / 80

四、近代以后信用体系的变化 / 91

| 第四章 |

新中国信用体系演化 / 98

一、新中国成立后的国家计划信用体系（1949—1977年）/ 98

二、改革开放后社会信用体系建设的起步阶段（1978—2011年）/ 107

三、新时代社会信用体系建设的加速阶段（2012年至今）/ 123

| 第五章 |

中西方信用体系演化比较与演化规律 / 134

一、信用体系演化差异 / 134

二、信用体系演化的一般规律 / 140

| 第六章 |

新时代中国特色社会主义信用体系 / 148

一、新时代中国特色社会主义信用体系的构成 / 148

二、新时代中国特色社会主义信用体系与西方的区别 / 158

参考文献 / 180

第一章
信用与信用体系概述

一、信用的基本含义

(一) 社会学含义

从社会学角度来看,信用是指信用主体受到道德规范驱使而进行的讲诚信等一系列行为,也即通俗意义上的守诺言、不欺诈、"言必信、行必果"。詹姆斯·S.科尔曼(James S. Coleman)认为,信用是由其功能定义的,假设信用社会参与者都是理性的,每个信用主体都能控制某些资源并在某些资源和事件中拥有利益,那么信用就构成了信用主体可用的一种特殊资源。信用是生产性的,并非完全可替换,它能够促使某些目的实现,甚至是某些目的实现的必备条件。霍曼斯(Homans)认为信用是一种"分配正义",正如坑蒙拐骗的人很难从亲朋好友手中借到现金,假冒伪劣的品牌曝光后无人问津,贪污受贿者用人民委托的权力行一己私利,终将受到法律的制裁和社会的鄙视。古尔德纳(Gouldner)则认为信用是一种"互惠规范",有信用的人受人尊敬,能够更有效率地参与社区活动,从讲诚信的互惠互利中分得更多的"蛋糕",而失信者则会在互惠社区活动中受到排挤,分得有限的"蛋糕",甚至会被踢出社区"分蛋糕的名单",作为其不讲诚信所受到的处罚与惩戒。

哈丁将信用定义为"封装的利益",信用是集体行为和生产合作的基础,总体来看,信用有助于将人类社会野生状态的讨厌、野蛮和短暂转化为更愉快、更有效和更和平的东西。关于信用的来源,国内外学者一致认为信用来源于主体之间形成的关系网。托克维尔和米尔的传统社会理论认为信用源于构成公民社会的广泛、深入、密布的自发协会和中介组织网络。詹姆斯认为信用存在于各信用主体之间的关系结构中,它既不存在于行为者本身,也不存在于有形的生产工具中。

(二)经济学含义

从经济学角度看,信用是一种以资本市场为中心的经济交易活动,订立跨期合同为其主要特征。信用是一种以到期偿还本息为条件的单方面的价值转移,一般而言,信用是指市场参与者偿还资本贷款的行为。贷款人贷出资金的原因是可以获得利息;借款人可以借得资金的代价是他必须为此支付利息。信用的经济重要性与商品和货币之间的关系有密切的联系。就商品交易和货币流通而言,信用是在两个或多个交易主体之间创造的,上游企业向下游经销商发放贷款或赊销商品,债务人按照约定的条款归还贷款或偿还债务,交易双方的信用商品交易和借贷双方的货币跨期流通同时完成。

在经济学领域,信用一直以两种形式存在:依托于实物的信用和以货币为载体的信用。随着商品经济、市场经济的飞速发展,商品交易与货币流通之间的互动关系日益发展,以货币为载体的信用形式逐渐成为信用的主要存在形式。虽然如此,但在自然经济主导的社会中货币信用并没有完全取代实物信用。在一些欠发达国家，如新中国成立前的我国，农村地区仍然存在大量的实物信用。只有资本主义生产关系渗透到城乡经济生活的每一个角落，或者商品交易的金融关系在经济生活中无处不在，实体信用才会失去其群众基础，逐渐完全被货币信用取代。

随着市场经济的兴起，信用问题乱象横生，信用理论和信用体系的研究空白亟待填补，中西方众多学者围绕信用基本理论、信用形式及其内涵、信用功能以及货币和信用等多方面进行了深入的信用理论探讨，推动了现代社会对信用的理解和认知。西方古典学派曾提出信用媒介理论，其认为银行作为借贷行为的主要行为中介具有媒介信用，但其并不能创造信用。根据信用媒介理论，货币和信用都是一种手段和媒介，是提升市场运转效率的工具，但并非关键。信用媒介理论认为人们使用货币购买物资，通过卖出商品获得货币，货币起到了交换工具和促进交换的作用。与货币相对应的信用作为一种手段协助完成现有资本的转移和重新分配，但在这个过程中并没有新的资本生成。信用创造理论则与信用媒介理论相反，其认为银行的功能就是吸收存款并在存款的基础上创造贷款，为社会创造信用。信用创造理论认为作为交换手段的货币与作为流通和支付手段的信用是等同的，信用就是货币，是一种社会财富，是一种生产性资本。通过扩大信贷规模、扩大信贷消费，可以扩大生产资本，进而促进商业贸易发展和市场经济繁荣，推动国民经济蓬勃发展。马歇尔在《货币、信用与商业》一书中讨论了商业信用问题，认为货币的发展与工业、贸易和信用体系的发展相联系。

信用虽然具有社会学和经济学意义，但二者并不是独立的，而是紧密相连的。社会信用含义是经济信用含义的基础和前提。如果信用行为参与者不可靠，不遵守承诺，失信行为充斥着经济市场，市场秩序将难以维持，建立在相互信任、单方面价值转移基础上的信用经济将难以存在。同时，信用的经济学含义又促进人们对信用的社会学含义"诚信"的重视，不管是在西方国家还是在我国，对于信用的理论研究、信用体系建设和信用意识的广泛形成都是起源于人们对市场化经济中出现的失信行为及其造成的市场秩序混乱和市场经济损失的关注与重视。

（三）马克思信用理论

马克思信用理论主要来自马克思在《资本论》中结合英国19世纪的历史对信用进行的探讨和分析，主要包括信用和信用制度的产生过程、信用的四种主要表现形式以及信用作用的双面性。

马克思认为物物交换催生货币，商品经济发展提高货币的地位，推动货币运动而产生信用。在探讨货币作为流通手段的功能时揭示了信用产生的过程，最开始货币仅仅作为商品的价值衡量手段，是一种交换媒介，但当出现非即时交易时，信用随之而生，而后各类信用工具逐渐演化成信用货币。在产权明晰的私有制下，市场参与主体的资本相互流通，信用制度随着资本主义生产方式的发展以及人们对高利贷资本的扬弃而产生，并与再生产运动相互独立。

马克思在《资本论》中将信用的表现形式分为四种：简单的信用、商业信用、银行信用、国家信用。简单的信用由商品流通的延期形式产生；银行信用在银行业的基础上发展起来，在银行与资本家之间的存贷业务中发挥作用；国家信用产生于政府以国家名义向民众融资，比如国债发行。商业信用产生于商业资本对商品流通的主导，在资本主义生产方式出现以前，商业信用主要表现为商品的赊销赊购，规模和范围都比较小，在资本主义生产方式确立后，商品生产和流通发展到前所未有的规模,债权债务关系广泛存在,商业信用高度发展。

马克思信用理论所讨论的重点就是信用作用的二重性。在积极方面,由于信用经济不需要抵押品、可以跨期支付等特点,市场参与主体可以更加灵活地、条件宽泛地参与信用经济活动,大大节省了流通费用和流通时间,提高了市场经济的运作效率,加速了再生产过程和资本的积累及积聚。除此之外,信用还有促进利润率平均化、加速股份公司的形成和发展、直接增加社会财富、扩大消费需求的界限、有助于选拔人才等正面作用。在消极方面,信用容易助长投机从而导致市场配置资源失灵,加速资本主义危机的爆发。

(四)信用目的和形式的演化

按照信用活动中信用主体是否以营利为目的,可以将信用行为分为营利性信用和非营利性信用。人类最初最简单的"以物易物"信用行为是带有非营利属性的信用行为。原始社会末期各家的剩余产品催生了以物易物的信用行为,但当时生产能力低下,交换物品往往只是各家为了满足最基本的生存需求而互通有无,此时交换的物品也不具备商品属性。在这个时期,人们出借物品往往是出于日后或许能够从他人处得到帮助的互帮互助人生观,这种偶然发生的信用行为显然是以非营利为目的的。而后随着农业的发展,小生产者占据统治地位,再之后随着科技进步大工业时代的到来,资本家出现,生产力大大提高,商品市场繁荣发展,以营利为目的的信用行为越来越多,逐渐成为信用行为的主流。但直至今天信用经济市场高度发达,我们仍然能够看到众多非营利信用行为。一方面,虽然现今社会已经高度发展,但偶然的信用需要总是难免的,比如买房时亲戚提供的无利息贷款、朋友之间的借车、借宿；另一方面，出于国家内部各地区各行业均衡发展的考量、共同富裕目标或者人文主义关怀等，政府创新创业扶持贷款、扶贫贷款等都具有非营利色彩。

中西方信用形式演化因国情、历史不同而有所不同，但其演化过程中的信用形式均大致包括商业信用、银行信用、股份信用、国家信用和财政信用。演化出来的信用形式之间存在递进关系，商业信用的局限性催生了银行信用作为补充，而后股份制公司的出现又催生了股份信用，进一步丰富了资本市场上的信用形式，国家信用和财政信用依托国家强制力而存在，与其他信用形式相对独立又相互联系。

典型的商业信用是卖方公司通过赊销授予买方公司的信用，广义上的商业信用是指从授予方给出款项到收回款项之间存在一定时间间隔而产生的信用。商业信用的存在涉及买卖交易和货币借贷两种同步发生的行为，但两者并非同时开始同时结束，买卖行为在合同成功订立时即可视为已经完成，随后的拖欠货款支付、延期支付等仅涉及双方当事人之间的借贷行为。伴随交易的商业信用是信用的主要形式。商业票据是商业信用的主要表现，马克思曾经将票据视为"真正的商业货币"。但是，依托于商业交易而存在的商业信用也必然具有其局限性：第一，商业信用的范围是以产业资本的水平为基础的；第二，商业信用存在方向性问题，一般来说，上游公司为下游公司提供信用，而制造工业为商业贸易提供信贷。这也导致了一些公司很难以这种形式获得必要的信用支持。

银行信用狭义上指银行作为中介具有的信用，广义上泛指所有具有存贷款、货币创造功能的金融机构的信用，是以货币形态的资本为借贷对象，依托金融机构的媒介作用而存在的信用形式。相比于商业信用，银行信用借贷对象的范围更广，借贷对象是作为一般购买手段和支付手段的货币，并且借贷程序规范化、程序化，在克服商业信用的一系列缺点后，银行信用还可以连接短期可贷货币和长期资本需求。实际上，银行业务最早就是从商业票据贴现和抵押贷款发展起来的，相应的银行信用也逐渐替代部分商业信用在经济中的作用。

股份信用建立在现代市场经济中企业所有权结构演化出股份制公司的基础上。股份制公司拥有众多公众投资人的投资，则公众投资人与股份公司实际控制人之间就形成了信用关系。对实际控制人经营公司的能力和募集股份时争取股东权益最大化承诺的信任催生了股份信用。

国家信用自国家形成即存在，是各种信用形式中形成最早、发展跨度最长的形式之一，其通常指统治当局的信用。国债是国家信用最主要的工具和信用体现，这类债券有国家机器运作和强大的权力机关做背书。与国家信用类似，财政信用随政府建立而形成，一方面，政府可以利用国家机关的强制力更加容易地获得其他信用主体更大规模的贷款，另一方面，政府由于对公民和企业拥有税收强制力，其税收收入可以为政府的债务偿还提供很好的保障，因此基于财政信用的债券通常很畅销。

二、信用体系的组成

（一）信用主体的演化

信用主体指的是信用活动中的授信方及受信方。其演化过程存在两条相互独立又相互交叉的主线。一方面，随着社会生产力的进步，经济活动主体的分工不断深化，导致主体类型增加，从而造成信用主体的数量和种类相应增多，推动信用主体的演化；另一方面，出于降低交易费用、提高信用活动效率的目的，信用主体中逐渐分离出负责信用制度执行、信用服务的主体，这也构成了信用体系演化的重要内容。

信用主体的演化总体遵循由个人扩展到政府、企业、社会团体等组织的规律。个人在早期信用活动中发挥着主导作用，既是需求者又是供给者。有了人类，就有部落、氏族、家庭，这些基于血缘关系建立起来的组织具有信息透明度较高的特点，因此最初的信用交易大多发生在此类组织中的个人之间。由此可见组织的存在降低了交易成本。

现代经济学认为，组织的作用是减少信息不完备所造成的交易费用。组织的参与逐渐改变了个人在信用活动中的地位以及在信用供需总量中所占的比例，通过观察历史可以发现，个人贷款在信贷总量中的占比呈 U 形曲线。

除此之外，组织对信用活动的影响是多方面的：其一，组织具有层级性，组织管理与资源使用、上级组织对下级组织的监控都需交给具体的人来完成，由此产生了委托代理关系，这一复杂的利益结构越来越多地出现在信用活动中；其二，组织的内部结构和管理制度决定了委托代理问题能否得到有效的解决，因此组织的状况也会影响信用活动的状况；其三，组织的形式、结构以及职能演化也会带来信用形式的改变，例如商业信用、银行信用、财政信用、股份信用的产生。

政府是组织分化的产物，其与其他组织最大的区别在于强制性。因此政府在信用活动中扮演着两种角色：

一方面，政府可以直接参与到信用活动中，并且既可以充当债务人，又可以充当债权人。1720 年英国出台了《泡沫法案》，对股份公司的设立实行特许制，其背后的原因在于要遏制新成立的联合股份公司抢占南海公司的资源，而南海公司成立的目的实际上是帮助英国政府减轻债务负担。政府作为债权人也同样拥有悠久的历史。早在汉代，我国的政府机构"泉府"就向贫农、小手工业者和小商贩提供货币或实物借贷，并根据用途决定是否收取利息，对于到期无力偿还者有相应的处罚条款。

另一方面，政府可以作为第三方为信用契约提供履约担保，发挥信用秩序的维护者的作用。政府以担保人的身份出现时，若债务人逾期或无法偿还贷款，那么政府便需替其履行偿债义务。由于政府具有强大的财政实力、几乎没有破产风险，因此债权人非常乐意为有政府担保的债务人提供信用支持。20世纪70年代，克莱斯勒汽车便是凭借美国政府提供的担保获得了银行新增贷款，从而化解了破产风险。

信用活动中除了政府机构以外，还包括企业、部分事业单位以及社会团体等民间组织。多种形式的企业构成了信用主体的主流，而事业单位通常扮演着资金供给者的角色，有时也会因一些非营利的社会性目标而产生借款需求。少数社会团体会以提供救助性贷款的身份出现在信用交易中。

在不同的历史阶段，信用主体的类型和结构有所不同，发展至今，个人、政府和企业已经成为现代信用交易最主要、最基本的主体类型。

（二）信用契约中经济关系的演化

传统信用总是与借贷活动相关联，因此信用契约中的经济关系表现为债权债务关系。不过，股份信用的发展、银行贷款承诺的普遍应用逐渐开始挑战这一主流观点，这些现象中的契约关系也与债权债务关系有了明显的区别。

各国的公司法对股东的权利都有类似的规定：股东按照出资额或投入的资产享有所有者的资产收益、参与重大决策和选择管理者等权利。一方面，股东将其资产以资本形式投资到公司中后，股东便不再直接拥有对该资产进行管理、处分与使用的权利，股东并不享有该资产完全意义上的所有权；另一方面，股东不能向公司索取出资额或已投入的资产，只能依靠股权转让收回投资，且转让所得与初始投资额并无必然的直接联系。因此股份信用形成的并不是债权债务关系。

银行贷款承诺是指银行承诺在一定时期或者某一时间按照约定条件提供贷款给借款人的协议，是一种承诺在未来某时刻进行直接信贷，并有权向客户收取承诺费的一种授信服务。从表面上来看，贷款承诺最终会导致借贷关系的发生，它只是传统银行信用的技术创新，但其中的经济关系已经发生了实质性变化。在贷款承诺中，从承诺生效到贷款实际发放，商业银行承担着随时放款的义务，潜在的借款人被赋予了随时提款的权利；而在已发生的借贷活动中，银行始终是权利人，借款人始终是义务人。因此，从银行信用活动中衍生出来的贷款承诺已经超越了债权债务关系的范畴，体现的是无债信用关系。

而股份信用也体现出了这种非债的权利义务关系。无债信用还是政府信用的重要组成部分。种种现象表明信用演化还表现在无债信用的增加上。

无债信用和有债信用的区别主要体现在以下几个方面：

第一，有债信用、无债信用都是对未来交易双方权利、义务的约定，不同的是，无债信用契约约定的权利和义务的范围更为广泛，而有债信用契约约定的仅仅是关于债的权利和义务。

第二，无债信用中的双方都既享受权利又履行义务，有时履行义务是行使权利的前提。有债信用中权利和义务泾渭分明。

第三，有债信用契约中的权利义务关系简单明了，可以定量地、清晰地表达出来。各类无债信用中的权利义务关系则复杂多样，难以对其进行确切的、定性的描述，因此也给判断无债信用活动是否出现违约带来了困难。

第四，有债信用历史悠久，体系更为完善。而无债信用起步较晚，权利义务关系多种多样，违约行为也千差万别，相应地对履约保障机制也提出了更高的要求，由此信用体系出现了更加复杂的演化。

（三）信用保障制度

规范的信用产业链条中包含监管制度的执行主体、信用专营主体和信用信息服务主体。但规范并不等于成熟，成熟的信用体系应当能够与时俱进地适应内外部环境的变化，其中的信用主体能够自我修正、具有自我发展机能。

健全的信用保障制度反映出现代市场经济的要求。市场经济对各类组织的行为提出了一般性规范要求，如政府机构的行为规范、企业的基本行为准则。除了满足一般性的要求以外，成熟的信用产业对其中的主体还规定了特殊的标准。监管机构要维护信用活动的公平、公正、公开，促使信用主体特别是上市公司履行信息公开义务，保护中小投资者的权益；信用专营主体在参与信用活动的过程中要坚持诚实守信原则，同时提高风险防范能力；信用信息服务机构则需在保障个人隐私安全的同时，确保提供的信息真实、准确。

除此之外，健全的信用保障制度还反映出信用产业的特点，即能够根据信用需求及信用活动中机会主义行为的变化而不断演化。制度健全从动态上表现为能够有效地覆盖相关主体及其信用活动。从对失信行为的甄别到对失信主体的惩戒，健全的信用保障制度需要从整体上保证各类信用主体的行为是规范的。

谈及信用保障制度的定义不可避免地需要了解制度的内涵。目前学界通常采取内外制度的分类，二者在执行主体上存在区别的同时，在起源上也存在差异，柯武刚、史漫飞在《制度经济学》一书中强调，"内在制度被定义为群体内随经验而演化的规则，而外在制度则被定义为外在地设计出来并靠政治运动由上面强加于社会的规则"。

因此信用保障制度也拥有内外两套制度。诚信有利于减少信息不对称，满足了社会经济的内在需要，因而成为最早形成且世代传承的道德规范，并演变成一种历史悠久的内在制度。诚信作为内在制度具有普适性。《圣经》多次提出了诚信的要求。我国儒法两家也都十分强调诚信的社会价值。法家创始人管仲提出"先王贵诚信，诚信者，天下之结也"，即诚信是凝聚人心、天下统一的保证。儒家代表人物荀子的核心观点就包括诚实守信可以产生正外部性。

罗马法开创了将诚实守信道德规范引入外在制度中的先河，这一原则在当代合同法中的地位被不断强化，大陆法系合同法、英美法系合同法、中国的民法典以及有关的国际条约和惯例中都有相似的规定。《中华人民共和国民法典》（简称《民法典》）第7条将诚信原则确定为《民法典》的基本原则，第500条把诚信原则确定为订立合同双方不得违背的原则，第509条把诚信原则确定为合同双方履行合同的原则，第558条把诚信原则确定为在债权债务终止后合同双方还要遵守的原则，等等。由此可见，诚信原则贯穿于合同的订立、履行、终止的各个阶段之中。

最早的信用制度属于内在制度，随着信用体系的不断成熟，外在信用制度逐渐占据核心地位。信用危机的爆发使得社会经济产生了政府管理信用活动的内在要求，近现代西方国家建立了一整套信用法律及执法机构，也建立了一些信用监管机构。外在信用制度及其执行被赋予了更强大的权力，同时政府扩大了其约束范围。政府不仅加强对各主体间信用活动的规范、对违约行为的惩戒，而且开始重视信用总量的控制尤其是银行信贷总量的控制，避免信用过度膨胀所导致的信用链条断裂。至此，外在信用制度及其执行主体在信用体系中的地位空前提高，逐渐决定着整个体系的运行状况，并深刻影响着体系内其他要素的演化。

（四）信用产业化

信用产业是经营信用相关产品的产业，其形成是信用活动相关主体不断分化的产物。而信用主体的分化即信用活动分工的细化，其产生的背景是信用活动逐渐从血缘组织中扩散到陌生人之间，目的在于解决信息不完备条件下信用交易相关费用提高的问题。

信用主体类别分化最初表现为政府充当制度供给者。顺应信用危机所提出的变革要求，政府设立了专门管理信用的机构，信用监管机构诞生。政府相较于其他组织具有强制立法权、执法权，这赋予其信用制度供给的主导权。但由于政府本身是有限理性的，信用制度具有渐进转型的特征，信用危机的爆发、相关理论的发展有助于政府识别、反思现行信用制度的不足，增进对现代信用制度的了解，进而推动信用制度变迁。例如20世纪30年代的经济危机爆发之后，美国政府开始重新审视金融风险管理问题，高度重视企业债券等金融产品的信用评级工作。1936年美国货币监理署规定，美国国民银行和加入联邦储备体系的州银行所持有的债券资产的等级必须在四级以上，并将评级机构的评级结果作为对银行进行监管检查的标准，由此逐渐确立了征信评信制度。

信用主体内部分化后产生了银行、信托、证券等金融机构，由此，从信用主体中分离出了专门的机构经营信用产品。以银行为例，银行作为中介机构通过负债的方式积聚闲置的资金，再利用贷款方式将资金借给需求者。由于银行往往会在贷款之前对借款人进行尽职调查，或者通过征信机构了解借款人的资信情况，在贷款之后，银行往往会要求借款人提供抵押品、质押品或者增加第三方担保，在贷款无法按期如数偿还时，银行还会要求法院介入，强制债务人履行还款义务及担保人履行担保义务，因此，银行的出现大大减少了信用交易双方的信息不对称，节约了信用活动中信息处理和履约的费用，降低了机会主义行为出现的可能性。综上所述，信用专营机构是信用产业链条中的关键环节，这些组织通过不断创新发挥中介作用，实现金融资源的供需对接。

信用信息服务机构在辅助上述信用专营机构的同时，也为其他信用主体提供服务，是信用产业重要的组成部分。该类机构往往以营利为目的，通过收集、加工个人和企业的信用信息建立信用信息数据库，为信用信息的使用者提供独立的第三方服务。如美国已形成以全国信用管理协会（NACM）、标准普尔公司（Standard & Poor's，简称标准普尔）、穆迪投资者服务公司（Moody's，简称穆迪）、惠誉国际信用评级公司（Fitch IBCA，简称惠誉）和邓白氏集团（Dunn & Bradstreet）等著名公司为主体的信用体系。独立的信用信息服务机构使得交易者能够低成本地获取高质量的信息，进而更好地做出信用活动决策。这些机构将违约信息公开化，压缩了违约者的行为空间，客观上起到了维护信用活动秩序的作用，是政府监管的重要辅助力量。

信用需求构成信用产业出现的必要条件，而相关主体类别分化的完成则是信用产业成熟的必要条件。西方国家在19世纪基本形成了结构完整的信用产业。

第二章
西方信用体系演化

"西方"一词涵盖的范围并非一成不变：最早意指古希腊、古罗马、希伯来等文化，此时"西方"主要集中于欧洲与两河地区的古文明区；大航海时代以后，这一文明形式随着殖民、扩张与侵略被带到了全世界各个角落，随着近代一系列思想革命与数次工业革命的发生而不断发展、完善，此时"西方"涵盖了英法等西欧老牌资本主义帝国及其殖民地；二战后，世界形成了以美、苏首的资本主义和社会主义两极对峙格局，此时"西方"是指资本主义阵营；在当代，虽然冷战业已结束、"阵营"不复存在，但"西方"仍指以资本主义意识形态占主流的一系列国家，主要包括美国、英国、加拿大、澳大利亚、新西兰与欧盟各国。

西方的信用体系早在古典时期就已经有其雏形，不仅有一系列信用活动，还确立了内外保障措施。在中世纪与近代，西欧地区信用体系不断发展，并于工业革命时期基本定型，在数次信用危机的冲击下，信用产业市场化步伐加速，并在经济大萧条前臻于完善。自1929年以来，西方信用体系结构已经基本成形，但各组成部分不断完善与优化，各类信用产品不断涌现，保障体系日益完善，信用主体分工愈加明晰；美国是现代信用体系最为完善、最具代表性的国家之一。

一、古典时期：早期信用体系框架的确立

西方古典时期的时间范围为：公元 5 世纪以前，也即罗马帝国衰落之前。此时信用行为已经付诸实践，并有相关文字记载可考；信用体系初具雏形，并实现了从约定俗成到成文立法的转变。

（一）合作习俗与早期信用行为

在生产力极度不发达的原始社会时期，任何人都难以独立生存，同一地域内的人被迫形成小型组织，共同劳动、共同生活，在生产生活过程中合作、竞争、博弈。在劳动成果共享的情况下，组织内部的人相互熟悉且信任，并形成互帮互助的合作习俗。随着生产力的发展，剩余产品出现，受合作习俗影响，拥有剩余产品的人员有将其出借的驱动力，原因在于：

首先，组织内部人员间互帮互助（此刻体现为相互出借）可以使得全体成员更好地生存：生产力发展毕竟有限，剩余产品仅偶然出现，生产的主基调仍是如何维系基本生存。此时的剩余产品拥有者无法保证未来有着同样良好的生存状况，因此会选择今日将其出借，从而换取未来其他成员帮助自己的可能性。

其次，组织内部人员相互熟识且受习俗约束，偿还可以得到保障：实物的信用活动本质上是让渡这一物品现阶段的部分或全部使用权，只有确保未来能得到偿还，持有者才会将其出借。同一组织中人们彼此了解，也有此前长期合作的信任基础，因此会在组织内部小范围地实施实物借贷行为。此外，违背习俗的人难免会遭到组织内部其他人的排斥甚至驱逐，难以维生。考虑到这一后果，借用方履约受到强烈约束，信用行为因此而得到有效保护。

合作习俗可以被视为信用制度的早期表现形式，仅在特定时期、特定生产力条件下、特定小范围内部发挥作用。由于生产力的发展，信用活动的范围不断扩大，某一组织的习俗难以约束外部群体，出借方与借用方之间的了解程度、信任关系也不复从前，需要新的保护机制保障履约。这些机制的出现与宗教、国家的成形和发展有关，并形成了经文教义或成文法，在统治阶级强制力的保证下实施。

（二）宗教与法律——信用保障制度的框架形成

1. 宗教与早期信用体系演化

宗教最早起源于人类对自然现象的无知，历经了原始宗教、国民宗教、世界宗教等不同形式的演变，对于西欧早期国家的形成也起到了重要的作用。在宗教活动进行的过程当中，神庙或寺庙通常是国家经济、政治与社会活动的中心（希腊帕特农神庙遗址见图2-1）；在税收体系不完善时，宗教祭祀活动是消耗剩余产品的重要途径之一；神职人员掌握社会资源的分配大权；宗教活动也控制了大量劳动力。因此，早期信用活动的兴起与宗教密不可分：

图2-1　希腊帕特农神庙遗址

①神职人员作为神的代言人，以神的名义聚集大量财物，客观上形成了出借财富的条件，个人或组织向宗教机构借贷成为可能。

②公民对神怀有敬畏与恐惧之心，担心违背契约会受到神的惩罚，这形成了对借款方履约的保障。

③公民之间相互签订信用活动的契约时需要见证人，这个见证人的最好选择便是神职人员，因此宗教势力拥有了对于契约的保障与控制权力。

④宗教的教义普遍宣扬道德规范，如诚实守信等，一方面是为了便于宗教履行公共管理职能，另一方面也有利于形成良好的信用交易环境。

随着国家统治阶层力量的壮大，在许多国家宗教都失去了经济管理职能、不再掌握对于信用契约的控制能力，但在思想层面的影响始终存在。在完成与古希腊、古罗马文化的融合后，基督教成为西方文化的基石，也对西方信用活动产生了极为深远的影响。其思想核心集中体现为《摩西十诫》，"不可作假见证陷害人""不可贪恋人的房屋；也不可贪恋人的妻子、仆婢、牛驴，并他一切所有的"等戒律均明确了对基督教信众的诚实守信、不可侵吞他人财物等道德要求。

需要注意的是，基督教在发展初期对商业的态度较为负面。早期教规认为，借贷所取得的利息是不劳而获的，"为钱而为之""爱财胜过爱主"，因此是邪恶的；商业所获得的利润同样不是出自劳作，与高利贷无异。在相当长一段时间内，商业、有息贷款均是基督教教徒的禁忌之事，遑论高利贷行为。因此此时商业与信用的发展会受到基督教会的排斥甚至打压。

2. 国家与法律对信用行为的保障

当违反契约的行为发生时，债权人对自身权利的维护通常以暴力形式展开；个人力量有限且十分低效，因此宗族、部落等民间组织开始充当个人债权的保护者；由于国家是全体公民通过契约结成的组织，本身包含着公民保护自身权益的期望，同时有着强制力上的优势，因此国家进一步取代了私人组织，成为信用活动的保障主体。国家为了更好地促进信用活动有序开展，通常会以种种法律作为解决信用问题的依据；而无论是早期的习惯法还是不断完善的成文法，都是国家与全体公民（统治阶级）的意志的集中体现。

早期习惯法中已经可以考据到包含较多关于借贷的规定，涵盖了抵押物的规范、违约惩罚等内容。在古埃及，萨吉西司法老立法规定：借债时，债务人如果没有用以担保的财产，可以把亡父的木乃伊或自己未来的木乃伊作为担保。古巴比伦王国的《汉穆拉比法典》也有对债务行为及其抵押物的规定：借债时一定要有抵押物；没有抵押物的，需要将妻子或儿女作为人质，但在三年后应当恢复人质的人身自由。

古典西方最为完善的法律体系诞生于古罗马。从《十二铜表法》到《查士丁尼民法大全》，成文法摆脱了习惯法中贵族为维护自身利益可以随意篡改、随意解释法条的弊端，有了全国范围内统一而明确的规定，关于信用活动的法律条文逐步完善。《十二铜表法》（见图2-2）的"第三表·执行"明确了对违约者的宽限期限、处罚方式等内容，如："对于自己承认或经判决的债务，有三十日的法定宽限期"；"此时如债务人仍不清偿，又无人为其担保，则债权人得将其押至家中拘留"；等等。

古代西方信用活动形式较为单一，其发展主要与商业贸易活动密切相关。罗马帝国统一后霸占了绵延的地中海区域，因此不仅国家内部贸易繁荣，与地中海沿岸各国的经济交流也十分频繁；而商贸发展既扩大了信用行为的需求，也促进了罗马法系相关法律的完善。在公元6世纪，罗马帝国皇帝查士丁尼认为海事风险较大，便将出海商

图 2-2 《十二铜表法》，因刻印在十二块牌子（即铜表）上而得名

贸贷款的年利率上限设置为 12%，而其他信贷行为的年利率一般为 6%～12%。

综上，在古典时期，传统习俗与道德规范、宗教倡导的美德精神组成了信用体系的内在思想保障，宗教教义与法律条文组成了信用体系的外在制度保障，而信用执行主体主要由宗教机构和国家来充当。信用体系的基本框架已经形成。

二、中世纪：信用体系逐步成形

中世纪的时间范围为公元 5 世纪至公元 15 世纪，用于划分的历史事件依据为西罗马帝国灭亡至东罗马帝国灭亡。经历了黑暗时代的封建割据，信用活动停滞不前甚至有所倒退；11 世纪后信用活动复苏，并随着城市的繁荣与商业活动范围的扩大而加速发展。在这一过程中，西方信用体系逐步成形。

（一）中世纪信用体系演化进程

1.黑暗时代：信用体系停滞与倒退

虽然西罗马帝国亡于日耳曼人之手，但帝国庞大的国内外商业网络并未断裂，异族仅仅使得原有城市文化粗俗化，却基本继承了帝国的经济体系。这一商业模式在7世纪伊斯兰教兴起后被摧毁，随着伊斯兰教征服了地中海沿岸，原有海外商路断绝，西欧处于封锁状态；由于商业衰退，贸易量下降，城市活力衰竭，大量居民回到农村。此后更是面临北方诺曼人、南方萨拉森人、东方马扎尔人三方的侵略，各地领主为免受侵害，于险恶之地建立城堡，基本断绝了与外界的往来途径（中世纪庄园示意图见图2-3）。封建割据的黑暗时代自此开始，流动性极差的庄园经济开始成为西欧的主要经济模式。

图2-3 中世纪庄园示意图，地形险要、自设障壁

由于庄园中包含了农地、牧场、池塘、森林，且雇佣了大量依附

农民，绝大多数封建主可以实现从农业到手工业基本需求的自给自足。在此情形下，商品交换活动大幅减少，进而抑制了信用活动的发生；仅剩下的为数不多的商业行为是一些犹太商人向封建领主或皇室贵族出售奢侈品，或在出现天灾、战乱、饥荒等危机时向百姓出售生活必需品。旧有的外部法律制度自然也因国家的分裂、领主的自治而难以维系，信用体系陷入混乱。

虽然信用体系发展停滞，但信用行为依然存在。由于战乱不断、税收制度不完善，封建领主在危急时刻会向宗教教会借贷，以维系日常开销，避免财政危机。借贷主要有两种抵押担保形式：可以直接抵押土地，被称为"死押"；也可以抵押土地上的生产收入，被称为"活押"。而一旦发生饥荒等天灾，教会也会向民众发放贷款用于购买粮食。由于贷款均为救济型，且受到教义的约束，教会通常自觉地降低贷款利息，有时甚至会放出无息贷款。

2. 城市繁荣：商业贸易复苏与商业信用的发展

如前所述，在黑暗时代，城市功能衰退，其主要职能仅剩行政中心与宗教中心。但宗教活动具有强大的惯性，人们也逐渐形成了宗教活动后聚集起来交易商品的习惯，且产生了周期性的、有规模的集市。由于集市可以促进人员聚集，进而增强宗教的影响范围，甚至为教会带来大量的利益，因此教会对于集市的态度逐步放松，这也进一步激发了人们对商品交易的需求。与此同时，11、12世纪农业生产力的发展使得可交换的剩余产品增多，交易需求愈加旺盛。城市迅速承担起经济职能，商业贸易在城市中繁荣发展。

城市与商业的发展使得重要的信用形式——商业信用逐步复苏。随着贸易规模的扩张，对商业信用的需求不断增加；同时产生了对大规模资金的需求，使得一部分信用主体承担起信用媒介的身份，专门从事资金流转的中介人员出现。除此之外，在城市与商业发展的过程中，信用活动展现出了尤为强大的盈利能力，这对于教廷、政府都颇有吸引力，因此它们主动参与到信用活动中，信用主体多元化进程加速。

3. 政教分离：信用体系外在保障完善

1075年教皇格列高里七世发起了"教皇革命"，虽然其最初的目的是维护神职人员的利益，反抗皇室、封建贵族的压迫，但带来的影响远非于此。一方面，政教分离，罗马教会从世俗王权中独立出来，教会法体系伴随着教会国家的成立正式形成；另一方面，虽然国王不再掌管神职人员，但"君权神授"理念仍证明着世俗国家君权的合法性，加之各城市组织、封建贵族等主体的推动，世俗法体系最终形成。不同法律体系中均包含信用相关内容，并由不同主体保障信用的履约。

13世纪教会权力达到顶峰，通过对《圣经》的解释权的垄断，教皇颁布法律、教会解释法律并执行。教会法格外强调公平与诚信精神，受信义保障的约束，教会法庭拥有对契约的管辖权。但作为规则的制定者与执行者，同时也作为信用活动的参与者，教会呈现出利己行为；随着自身腐败的加重、教会法的解释与执行难以适应社会经济变化、世俗国家日益壮大等，宗教对信用活动的管控能力被逐步削弱。

在城市发展初期，各地区分别确立了独立运行的法律体系，但也面临信贷风险问题：债务人可以寻找不同城市之间的法律冲突或未提及的部分，从而逃避履约；地方法官也有包庇本地公民的嫌疑。信用风险倒逼了一套在广泛区域内具有效力的、被普遍认可的商业信用制度的形成。许多城市形成了法律同盟，共同制定城市法、商法等法律。在这些法律的指导下，各类新型信用工具涌现，也出现了新型商业联合体。

在中世纪信用体系的发展过程中，宗教势力、国家与政府、行会与商人等三大主体起到了不可忽视的作用。本书接下来会对各信用主体的信用活动及其贡献进行详细分析。

（二）宗教势力的信用活动和贡献

西罗马帝国灭亡后，基督教会整合了欧洲秩序，因此中世纪前中期，教会在政治、经济、思想等各方面都掌握着至关重要的话语权。各王室对教会的支持态度为教会带来了大量财富，如法兰克国王曾推行"什一税"，全国范围内各教区均需将每年收入的1/10贡献给教会。民众的信奉也使得教会完成了资金的积累，教会成为当时最大的资金盈余部门之一。在放贷意愿上，教会可能存在扩大地盘的主观需求，因此会接受以土地为担保物的抵押贷款。但教会彼时并未成为系统的、持续性的职业放贷机构，更多地是被动地向国王与大领主放贷。比起富豪与大庄园主，教会具有更好的信誉，因此统治者也会更倾向于向它们借款。

圣殿骑士团也大量参与到信用活动中，在推动信用活动繁荣的过程中也发挥了较大的作用。出于保卫朝圣者的安全、护送财物的目的而建立，圣殿骑士团不仅在教会的支持下发展出了庞大的行政网络，还衍生出了托管、信贷、汇款等金融职能。圣殿骑士团的原始职能使得其承担了保管财宝、重要文件的工作；十字军东征后，圣殿骑士团又发展出了为参与战事的前线士兵及其家属提供贷款的服务；其特殊的组织原则也使得其在欧洲各国具有极高的信誉。因此圣殿骑士团的业务范围不断扩大，分工趋于专业化，国家统治者与教会均成为圣殿骑士团的重要客户。英国、法国王室都曾在圣殿骑士团开设账户，并进行大额存取款与借贷活动，根据英国国库年表，亨利三世1240—

1249年的存款达1.5万英镑,占王室年收入的约1/3。总殿与分殿之间路途遥远,不仅运输时间较长,而且可能遭遇自然灾害、强盗掠夺等风险;为了避免财产损失,在长期金融实践中,圣殿骑士团还发展出本地存款、异地取款的模式,即持有任一机构所开具的存款凭证,就可以到其他机构取款。为了防止票据被盗,圣殿骑士团还专门编制了内部编码,只有圣殿骑士团成员才可以破解。这种金融票据形式已经具备了现代汇票的雏形。

宗教对信用体系发展的作用需要辩证地看待。首先,基督教在内在思想保障方面仍有重要作用,其着重宣扬的诚信精神有利于信用履约;其次,教会本身具有一定的强制力,无论是教规还是后期的教会法,都为信用行为提供了外在制度保障。但正如前文所述,基督教在发展初期对商业与信用活动始终是打压的;到了中世纪中后期,随着天主教会相关约束的放开,教会开始认为追求财富可以出于一定目的、按照一定原则,加之信用行为也确实有利可图,利息遂逐步被接受,但直到近代新教兴起,教会对信用活动的态度才有明显改善。同时,在双重身份下,教会对于法律的执行也出现了双重标准:为了便于从各地教会征收教皇赋税,意大利商人愈加得到重视,直至成为"教皇银行家",一旦有人侵犯这类商人的利益,处罚会格外严重,甚至有将无法偿还贷款的德意志牧师驱逐出教的案例。

(三)国家与政府的信用活动和贡献

中世纪早中时期,西欧国家行政规模不断扩大,但落后的税收制度不能为日益臃肿的皇室提供税赋保障,财政危机频繁出现;战争对于国家资金已有巨额的消耗,维系军队的费用也是一笔庞大的开支。为了维系政权甚至维持生活,许多皇室不得不向教会、商人和封建贵族借贷。借贷时的抵押物一般会包含土地、贵重品（如珠宝、皇冠）、税收与收益权，甚至君主或王侯本人。一旦违约发生，失去抵押物乃至本人被拘禁的事情时有发生。这一方面表明国家或政府在此阶段仍是信用制度中的需求者，另一方面表明国家或政府并非都具备良好的声誉和债务偿还能力，督促统治者清偿债务甚至需要采取暴力手段，如对该国在外的公民与货物进行打击报复。

随着商人积累起大量财富，他们开始以更低的利息取代其他主体成为公共信贷的主要供给者。除了获得一部分利息收入，商人们选择成为贷款人更多是出于与政府建立良好关系的目的，以便获得减税、庇护与贵族称号等。政府在拒不偿还债务时，由于商人缺乏约束手段，常常无能为力，但为了收回此前贷款的可能性，商行不得不继续向政府放贷；而在14—15世纪的英国，甚至有王室以暴力手段强迫商人向其放贷的情况发生。但由于财政基础薄弱，政府经济维系依赖贷款，经常性违约事件或恶性强迫贷款的发生势必导致后续借款更加困难，而且一旦政府的公信力倒台，更为严重的后果会随之而来。因此即便是出于自身长久稳定发展的考虑，统治者也不会过分地违背信用契约。商人和政府的共同利益使得在没有外部约束的条件下，也形成了良好的公共信贷关系。这种出于利益考虑产生的情形同样出现在商人与封建贵族之间、封建贵族与封建贵族之间、宗教机构与政府之间。

随着商业与经济的发展，政局逐步稳定，国家对地方领主的管控逐渐增强，封建领主制逐步向君主专制转变，并奠定了世俗国家的基础。由于教权的分离，中央政府掌握了信用法律的制定权、解释权、执行权，西方现代信用体系中制度执行主体的结构得以确立。但无论是法律的制定与解释，还是法律实际落实的执行力度与方式，都存在较强的不确定性，如集市管理者会做出保护欠债商人的行为等。这样做虽然从短期内看似乎有利于商业与经济的发展，但实际上会导致信用体系脆弱，影响信用发展，进而造成长远利益损失。另外如上所述，统治者也存在拒不履约、滥用暴力的情况，因此如何约束政府的权力对于信用体系的发展至关重要。

在近代西欧信用体系的发展过程中，受到各方因素长期制衡的影响，形成了如下解决方法：

①世俗王权国家的建立需要受到教会、封建贵族、城市行会等多方势力的支持与认可，同时也受到这些主体的约束；更多时候，大贵族会联合其他阶层以暴力方式迫使王权受到约束，如英国13世纪《自由大宪章》的签署拉开了近代西方国家施行宪政的序幕；一旦发现皇室的行为有失控的倾向，其他阶层就有理由推翻旧王朝，从而维护自身阶级的利益。

②欧洲国家林立，彼此摩擦不断，一旦一国政府无法提供良好的外部信用保障体系，甚至本身就时常出现违约行为，那么这个国家就不再受到信任，国内各种资源便会向其他国家转移，发展受到阻碍；因此一个开明的君主专制政府为了长久发展，更需要带头遵守外部信用保障体系，共同营造遵守社会契约的氛围。

政府主导信用制度并通过信用制度约束自身的信用行为，这种动态调整持续到近代才基本完成，并且在调整过程中，政府逐步实现了对信用体系外在保障制度的垄断。

（四）商人与行会的信用活动和贡献

中世纪商业发展史深受政局影响，商人阶级随着商业的衰落而衰落，随着商业的兴起而兴起。时间回到罗马帝国末期，疆域尤为宽广，整个地中海甚至可以被视为庞大帝国的"内湖"，海路运输占据了帝国贸易体系的中心地位；即使在西罗马帝国灭亡以后，由于地中海海盗已被消灭，地中海沿岸商人阶级依然庞大。随着阿拉伯人一路北上，占领科西嘉岛、西西里岛几个大岛，一直攻打到法兰克王国境内，地中海西部航运完全中断，商业自然也相应衰落；公元7—8世纪，西欧几乎回到了农耕状态，此时虽然仍有犹太人进行商业活动，但主要为向王室贵族售卖奢侈品，全社会范围内商人阶级几乎消失。

本身是脱离了土地的阶级，商人是如何在以庄园经济为主体、土地束缚性极强的黑暗时代产生的呢？目前普遍认为最早期的商人是以行商的形式呈现在大众面前的。行商通常是一些社会边缘群体，如受战争影响背井离乡之人、为了躲避严苛领主压榨的农奴或手工业者；他们没有土地、居无定所、四处漂泊，但也渴望社会地位、追求财富、吃苦耐劳、不惧危险，随着商业城市的兴起，他们穿梭于西欧大地的各城市之间，面对着恶劣的自然环境、野兽的袭击、盗贼与贵族的掠夺乃至商业活动本身的风险。但作为城市间互通有无的重要媒介，一旦成功，行商就可以获得巨额利润，迅速积累起大笔财富。为了保护自己的财产和生命，商人有意愿也开始有财力向城市或封建领主寻求庇护，合作共赢；从10世纪开始，商队——武装的马帮开始出现，商人们互相缔约，直至形成行会。

基督教会此时开始提倡精神美德指导下的世俗生活，认为商人需要成立行会，用以指导商人在贸易中保持美德。而世俗王权与商人的关系更加紧密：到13世纪，欧洲各地普遍开始保护商人的利益，国王、贵族与商人日益形成密不可分的联系，在很多地方商人行会受到大贵族的庇护，借贷行为甚至不再受到高利贷法令的限制。

随着财富逐渐积累、实力不断壮大，商人行会开始具备较强的话语权。许多城市会专门设立审理商事纠纷的法庭。在这些法庭中，院长本身就由行会会长担任，同时也会选取行会中的商人进入陪审团。

领主、皇室会将城市的司法权、行政管理权委托给行会，进行城市自治，因此许多行会内部的规则逐渐演变成城市乃至国家商法的重要组成部分，信用体系的法律保障也因此不断得以完善。13世纪以前，热那亚、威尼斯等城市就已经形成了有体系的商人法，对海洋贷款、代理契约等信用活动均制定了相关规则，并由商人行会进行监管。

在商人群体中，一个族群值得重点关注——犹太商人。由于宗教、历史等原因，犹太民族的传承始终受到严重的迫害，没有土地，也难以融入封建庄园经济的"正统行业"之中；这迫使犹太人从事商业活动，并在当时已经沉寂的商品市场上大展宏图，以税金的形式获得王侯的保护、避免与基督教会的冲突。随着西欧商品经济的复苏，尤其是十字军东征后东西方商路重连，贸易不再局限于奢侈品，行会的形成也使得犹太商人受到排挤。由于犹太人不受到基督教会禁止高利贷的限制，大宗商品交易活动也需要资金的快速周转，于是他们凭借此前在商业活动中积累起的巨额财富开始从事金融信贷业。很多犹太人组成财团，联合贷款，并在土地抵押中获得了生产资料，实力日益壮大，甚至在当时的社会上流传有类似"宁可得罪大公爵，也不可得罪犹太人"的格言。

三、近代：信用体系趋于成熟

如果说西方中世纪的种种经济、政治、思想文化的变迁为资本主义埋下了种子，那么这粒种子在近代以蓬勃之势发展，从萌芽阶段不断发展壮大，并走向了主导地位。与社会形态相对应，中世纪信用体系的基本形态确立，而近代信用体系则不断完善。在近代，信用主体和信用活动不断丰富，各类新式信用产品不断出现，信用保障制度和信用管理模式也在历次信用危机的挑战下逐渐丰富与成熟。

对第二次世界大战之前的历史以工业革命为界进行划分,西方近代可以分成早期的大航海背景下的工场手工业时期与后期的两次工业革命时期两个时间段;信用体系的发展在这两个时间段中有着不同的体现。

(一)近代信用体系演化进程

1. 大航海背景下的工场手工业时期

受《马可波罗游记》一书描述内容的影响,西欧人幻想到达遍地黄金的神秘东方。15世纪以后,西欧各国的资本主义萌芽已经产生,商品经济进一步发展;而当时前往亚洲的陆路关隘城市威尼斯被奥斯曼土耳其帝国封锁,西欧国家迫切需要开辟新的前往东方的商路。随着地图学、航海术的进步与指南针的普遍使用,帆船在大洋上远航成为可能,因此渴望进行香料等贵重品贸易的商人、渴望传播基督教会福音的信徒,在皇室资金的支持下,拉开了地理大发现的序幕。随着新航路不断被开辟,不同大陆之间的联系成为可能;世界自此从割裂走向整体,大航海时代到来。

地理大发现使得跨洋商业活动愈加频繁,进而演化成愈加激烈的殖民活动;从殖民地向宗主国输入原材料,并从宗主国向殖民地输出商品与劳务,大宗货物交易对资金借贷有极大的需求。工业品世界范围内的供需结构变化也使得西欧的工场手工业出现并发展:分料到户毕竟存在较高的监管成本,效率也十分低下,因此集中的手工工场就成为必然的趋势。采矿和冶金行业最早形成了手工工场,随后毛纺织手工工场也在西欧林立。英国地处重要的海运航线,羊毛织品出口量激增,纺织业自然快速发展,市场上羊毛价格飙升,养羊业有利可图;于是新兴资产阶级、新贵族以暴力手段赶走了租种他们土地的农民，将土地集中为大牧场，全部用于发展养羊业。"圈地运动"①对于农民而言无疑是一场"羊吃人"的灾难，但从信用体系发展进程的角度来看，圈地运动所产生的大量失地农民需要以信用体系维生；迅速发展的工场手工业使得英国完成了资本积累，急速扩张的工业生产也需要庞大的信用体系作为支撑，这一时期的企业颇具规模，资本市场——无论是股票市场还是银行业——都蓬勃发展。

至于信用保障体系，内部与外部均有较大的转变。随着一系列思想解放运动的开展，宗教的管控地位逐步下降，基督教会对商业活动与放贷行为的偏见被打破，基督教教徒的信用活动不再受到思想层面的约束。随着世俗国家（民族国家）的成熟，尤其是宪政在西欧各国的普遍推行，政府在信用体系中的职能模式也发生了改变。随着1689年英国《权利法案》的颁布，代议制议会极大程度地限制了皇室的行为，外在信用制度保护有了更为明确的规范；中世纪以来世俗法与教会法共同形成的二元信用保障结构自此也被打破，政府成为法律保障的唯一提供者与执行者，信用行为有了更为稳定的保障。

2. 两次工业革命时期

第一次工业革命率先发生于18世纪中后期的英国，大机器生产取代了手工业生产，"蒸汽时代"到来；这一时期信用体系发展的标志性事件为现代商业银行的完善与中央银行制度的建立。生产力发展的普及需要有庞大的资金作为支撑，以瓦特改良蒸汽机（见图2-4）为例，一台改良蒸汽机的成本约为2 000英镑，远超当时的个人年均收入。对资金的需求使得银行体系进一步扩张：18世纪末，英国已经形成了由英格兰银行、伦敦私人银行和伦敦以外的乡村银行构成的、

---

① 值得注意的是，圈地运动并非近代独有，其历史最早可追溯至12世纪，也并非英国独有，其范围遍及欧洲各国；但英国近代的圈地运动最为典型、规模最大、目的也最为明确，因此本文仅对英国近代圈地运动的原因与影响进行分析。

较为完善的三级银行网络。随着全国范围内的信贷市场形成，一方面，不同地区之间的利差得以下降；另一方面，资金的流动性进一步提高，银行会以支票等形式大量贷款，从而获得利润。但此时尚未形成完善的风险管理制度，信用快速扩张积累了大量风险，1815—1850年间发生了数次金融危机，倒逼信用体制改革，具备中央银行职能的银行出现，银行体制也由私人合伙向股份制转变。

图 2-4 瓦特和他的改良蒸汽机

第二次工业革命发生于19世纪中后期的美国，人类社会由"蒸汽时代"迈向"电气时代"；这一时期信用体系发展的标志性事件为现代投资银行业的出现与完善。基础设施的大规模建设使得美国投资银行业务迅速发展，如诞生了销售铁路债券的雷曼兄弟公司、从事票据交易的高盛公司等；电报等通信技术的发明也使得资本市场更加高效，大型交易所得以辐射至全国范围。但由于早期并没有形成有效的国家法律来监管资本市场，华尔街信用行为的风险极高，低利率的环境进一步激发了投机活动，企业高度杠杆化，直至引发了全资本主义范围内的经济大萧条。在这以后，证券业法规才不断出台，并对投资银行业务进行了严格监管；信用机构审慎经营、信息公开也受到了法律的强制性约束。

企业自古以来就是信用活动的重要交易者，信用体系的诸多变化都与其密不可分。近代尤其是工业革命时期，社会分工程度提高，企业数量增长；技术水平的不断进步、产业结构的不断调整也刺激着企业的资本需求。因此，企业的发展要求信用活动不断创新。在市场经济中，商业信用和银行信用均与企业的经营活动直接相关，因此下面的（二）与（三）小节将分别对其进行阐释。现代股份公司制度的出现使得企业也成为重要的信用供给主体，股份信用出现并快速发展，（四）小节将介绍股份信用与其受到的政府监管。此外两次工业革命期间专营信用产品的机构（如银行、证券公司、保险公司、信托公司）大量涌现，随着信用范围的扩张、交易规模的扩大，对企业与个人信用信息的需求量增加，质量要求也不断提高，因此催生了专业的信用服务机构，（五）小节将会对这些机构的发展及其作用进行论述。

（二）商业信用的发展

商业信用是在商品交易的实践过程当中产生的，最为典型的商业信用是赊销赊购。需要购买商品的工商企业在购货资本发生短缺时，购销双方就可以采取延期付款的方式，约定一定期限后购货方再归还货款；在工厂急需资金时，销货方也可以预收货款作为生产的启动资金。在这个过程中，既发生了买卖行为，也发生了借贷行为。买卖行为于商品所有权发生改变后就已经结束，在此之后直到货款偿还之前，购销双方都只存在债务债权关系。对于债务人来说，通过商业信用购入货物、进行加工或销售，并获得利润，如果可以在约定期限之前完成销售，甚至无须拥有自有资本；但对于债权人来说，无法立刻取得货款，也不确定是否能如期取得货款。为了保障交易相关方的利益不受损害，在长期商业信用活动实践中发展出了商业票据。作为受到法律强制力保护的债务文书，商业票据上规定有金额、期限等履约条款。

商业票据本身还发展出了可代替货币的流通手段，即：持票人在票据背面签上自己的名字作为"背书"。考虑一个上中下游的供应链关系，下游商店首先向中游工厂赊购了一批货物，中游工厂持有由商店背书的票据；在商店付款之前工厂可能也面临资金不足的情况，于是工厂将有自己背书的票据作为货款支付给上游的原材料供应商。这意味着处于上游的原材料供应商可能面临着以下三种情况：①成功售出原材料但并未取得货款，可以在票据上约定的时间从下游商店处取得货款；②一旦商店无法付款，原材料供应商就可以向中游的工厂索要货款，因为背书使得工厂也有连带责任；③原材料供应商也可以在这张票据上背书并用于支付。在近代，票据流通达到了相当大的规模，因此为了生产的有序进行，各国逐步颁发票据法，以保护相关各方的利益：英国于1698年和1882年先后出台《票据支付法》和《汇票法》，由商业银行对票据进行承兑，一直到20世纪前伦敦都是全球商业票汇市场的中心。

商业信用使得企业生产过程与流通过程变得更加高效，直到今天商业信用也广泛存在于各国国内与国际的商业贸易之中。但同时，商业信用存在两个局限性：首先是商业信用存在方向性，通常为上游向下游提供、工业向商业提供，因此不在此供应链中的企业难以获得商业信用；其次是受到商业活动的限制，每张票据都有特定的金额和支付期限，因此使用起来较为不便。

（三）银行信用与现代银行体系的产生和发展

银行业的前身是货币经营业，最早可追溯至古典时期，由于各国发行的铸币成色不一、重量各异，流通时极不方便，因此诞生了专门的兑换各类铸币的商人。随着贸易的逐步活跃、货币流通量的增加，商人保存与兑换不同城邦之间的货币十分不便，在城邦之间行商时随身携带货币也存在较高的风险，因此他们会将货币交给兑换商保管，这些兑换商也在专门帮助存放货币之余，开始从事货币的结算与汇兑等业务，由此产生了货币经营业。虽然经营与货币相关的业务，但货币经营业与银行差距较大：本身不从事放款业务（没有信用工具的发行），为了应付客户提现，需要做到全额现金准备，保管货币时不仅不支付利息，还需要额外收取费用。随着商品贸易的进一步繁荣，货币经营商人手中积累的货币资金大幅增加，现金准备不再有全额的必要，因此会将其中的少部分贷出去。当货币资金的借贷业务出现时，经营者的身份就发生了转变，开始成为早期银行。世界范围内的早期银行集中创立于西欧地区，如1580年创立的威尼斯银行、1583年创立的米兰银行、1609年创立的阿姆斯特丹银行等；主要贷款对象为政府与商人阶级，但利率极高。

高利贷性质的早期银行无法适应资本主义发展的需求：一方面受准备金的限制，借贷的资金额较少，难以满足不断膨胀的资金需求；另一方面是高利贷使得资本家的利润几乎被侵吞殆尽，难以用于扩大再生产。经过双方长期的利益斗争，早期银行发生了以下转变：

①利率不断调低；

②准备制度改变：由使用自己的货币资金放款变为使用客户的资金放款，不再保留几乎全部的货币资金来应对客户提现，改为部分准备金制度；

③身份改变：不再作为被动的资金保管者等待其他人来存款，赚取保管费用，而是作为主动的资金获得者，以利率的形式吸收大量闲余资金。

但早期银行的转变过程较为漫长，直到1694年现代银行制度才正式建立，标志事件为英格兰银行成立，其贴现率仅为4.5%~6%。随后大批股份制的现代银行在西欧各国纷纷出现。而随着现代银行的出现，银行信用产生。与商业信用相比，由于银行信用是以货币形式而非固定的票据提供的，同时有银行作为媒介，不再受产业链方向的限制，银行信用活动的范围得到了极大增强。

现代银行的资金来源主要如下：其一是自有资金，一般由股金、盈余积累组成；其二是存款，通过吸收社会上的闲散资金汇集而来，如企业存款、政府存款、个人存款等；其三便是银行券。银行券起源于17世纪，是由银行作为主体发行的一种票据，当银行的库存现金无法满足商业票据的贴现需求时，由银行签发票据来代替。因为银行券随时可兑，同时具有贵金属与银行信用的保证，因此得到了广泛使用，且不再局限于代替商业票据的单一用途，开始出现在更多贷款业务之中。由于银行券流通会为银行带来巨大利润，因此各银行都有大量发行银行券的动力，这带来了以下几个问题：

①很多小银行的实力较小，并不具备可兑现的能力，因此一旦危机发生，就会导致货币流通混乱；此外小银行的信用范围往往局限于某一区域内，发行的银行券往往会受到全国性的、信用更好的大银行的银行券的排挤，缺乏银行券统一发行的机制。

②银行本身也有追求利益的属性，因此有超额发放甚至以欺诈手段发放银行券的可能性，缺乏对银行券发行的监管机制。

③随着银行券范围的扩大，各银行之间也彼此形成了错综复杂的债务关系，缺乏有效的清算机制。

④一旦银行由于经济周期、经营不善等原因破产、倒闭，就会给社会带来巨大的冲击，缺乏针对银行的兜底保护机制。

以上种种原因带来了西欧金融的长期不稳定，也促使了中央银行的产生。自 1844 年开始,英国开始执行《英格兰银行条例》,其中规定:只有英格兰银行可以发行银行券,其他各级商业银行必须在英格兰银行存款从而提取银行券。1872 年,英格兰银行又开始在其他银行面临困难时提供款项支持。自此,中央银行不仅垄断了银行券的发行权,也实现了对其他银行的存款准备,同时也有了最后贷款人的角色,"发行的银行、银行的银行、国家的银行"这三大职能已基本形成。自此,现代银行信用体系基本建立,中央银行也成为保障信用活动秩序的政府部门之一。

从 19 世纪至一战以前,全球范围内共有 29 家中央银行成立,且基本都是在政府法律法规出台后,将银行券发行权集中至原有银行而形成的。一战后,世界金融秩序混乱,因此布鲁塞尔国际经济会议要求世界各国尽快设立中央银行,以稳定国际货币体系;会议后出现了世界范围内的中央银行设立或改组的浪潮。

(四)股份信用与现代公司制度

随着股份公司的诞生,现代企业制度、股票交易市场也相应产生了。一般认为近代特设合股公司是现代公司的起源。新航路开辟后,英国先后打败西班牙与荷兰,掌握海上霸主的地位,并开启了新一轮海上扩张。由于海上贸易周期长、风险大、对资金的需求量大,合股经营成为最好的选择。为了鼓励贸易、提高效率、与其他国家争夺东方的香料与奢侈品,伊丽莎白女王先后于 1581 年和 1592 年特许成立利凡特公司和威尼斯公司,随后又于 1600 年特许成立东印度公司,公司股东中有很多政府官员,公司财产以股东个人名义共同持有。这类特许的合股公司,尤其是东印度公司,为国家创造了巨额经济利益,西欧各国纷纷效仿,大量合股公司出现。

合股公司成立热潮的转折事件为《泡沫法案》的出台。18世纪英国因战争而债台高筑，政府希望效仿法国的密西西比公司模式，允许以国债购买股票。当时南海公司接手了3 000万英镑的国债，并以高于国债定期收益的股票红利吸引民众购买。几个月内南海公司股价就翻了三番，涨到1 000英镑以上，股份公司一时之间成为炙手可热的摇钱树，大量股份公司出现，英国民众对股票市场开始着魔，不问经营状况、不看发展前景，只顾买入。为了防止股票市场大肆膨胀、南海公司股价下跌，1720年英国议会出台《泡沫法案》，严格管控股票的发行与转让。该法案出台的初衷是稳定金融市场、防止民间股份公司的泡沫，但忽略了南海公司是最大的泡沫。股民的信心消失，股价随之狂跌，股市泡沫最终炸裂，对经济社会造成了严重冲击。在随后的近百年内，英国几乎不再批准设立任何股份形式的公司。

随着经济的发展，现代企业无论是在组织形式上还是在相关法律法规上，都亟须改革。英国于1844年出台了《股份公司注册和管制法案》，明确现代股份公司的批准原则，也对信息公开有了初步要求。现代公司制度的逐步完善标志着股份信用的产生与发展。公司的信用活动包括有债和无债两种类型，以发行股票的方式筹集资金而形成的信用形式即为股份信用，股票则可以被视为无债信用的产物。绝大多数股东不会直接参与到公司的实际运作当中，他们选择投资的原因是相信公司控制人能够尽力争取股东权益最大化；股份信用的契约通常为股份公司的招股说明等，但对股票的投资只能转让不能赎回，因此这份契约代表的并非债权债务关系，而是财产所有关系。

一家公司的财务状况可以反映出这家公司的还款能力，但出于吸引投资等目的，公司可能有意隐瞒关键信息，甚至对财务报告进行造假。因此对于投资者而言，第三方中介机构对公司实际经营状况的审查至关重要，不仅可以增加财务报告的可信度，而且可以规范企业的经营。1807年,法国设立了世界上第一家审计机关——审计院;此时审计院仍隶属于政府,对企业的审计工作全部由政府来完成,但并非强制的,效率也极为低下;审计机构实施行业自律是从1853年爱丁堡会计师协会成立之后才开始的。

在实际运行中,公司的发展、控制人的利益与股东权益并不总是一致的,因此可能会发生代理问题,从而股东权益受损;为了规范公司的信用行为、保护投资人的利益,证券市场的法律法规对公司做出了进一步的约束,如法定审计、信息公开等。随着公司制度的演化,证券市场也迅速发展,但由于缺乏管理,极为混乱,"总有一天连蓝天也要被人出售";因此自1911年起,美国各州纷纷制定证券管理法,也称"蓝天法",要求公开发行有价证券时进行信息披露,旨在保护公众的投资利益。

尽管如此,对证券市场的保障机制在当时仍远未完善。大萧条前美国证券市场处于严重的泡沫状态,信用制度滞后于当时急速膨胀的信用活动,上市公司无强制性的信息披露机制、对杠杆缺乏控制、对内幕交易与操纵价格也没有监管或惩戒措施。无论是政府还是民众都普遍乐观,大量机会主义行为延续,直至泡沫破裂。这场危机的启示为:关于债券市场的法律规定或行业自律机制仍不足以规范无债信用,因此在现代,在信用保障制度的建设过程中额外增添了对信用主体的规范。

(五)信用服务机构

为了避免由信息不对称造成的信用风险,随着19世纪各类信用活动的大规模开展,出现了专门收集并提供公司与消费者信息的征信机构、专门评定借款人信用等级的评级机构等。政府在信用服务机构的发展过程中干预较少，除极个别机构由政府强制设立外，其余均实行市场化运作，政府在其中仅扮演市场协调者、立法执法者的角色。

征信机构起源于商业信用调查，是专门从事个人或企业信息的搜寻、整理与加工等业务的、以营利为目的的中介机构。以信息主体为依据进行划分，征信机构分为企业征信机构、个人征信机构等。

信用评级机构大多是由征信机构发展而来的，它们根据收集到的信息搭建模型，计算商业主体违约概率的大小并划分等级。在此基础上，评估对象拓展至相关的信用产品与整个证券市场。目前世界三大评级机构标准普尔公司、穆迪投资者服务公司、惠誉国际信用评级公司均创立于这一时间段。

1. 企业征信机构的创立

在19世纪前，企业的信用信息往往与个人行为挂钩，此时的信用信息传播有以下几种局限的途径：①通过亲朋、血缘、地缘或其他个人关系；②商人内部形成互助社团，互相咨询曾经的交易对象。由于信用信息咨询的方式主要为推荐信，因此只有极少数大型商业组织可以获得推荐信，也没有形成用于营利的产业。随着19世纪20年代美国版图开始扩张、贸易量开始增长，这种方式暴露出效率低、覆盖范围小、可能存在联合欺诈行为等一系列缺点，因此为了商业贸易能够更好地发展，需要更为迅速、尽可能涵盖全部企业的专业团队来提供企业征信服务。基于上述原因，美国的征信机构迅速发展。目前美国最大的征信机构之一——邓白氏集团的前身便是由从事蚕桑丝贸易的商人刘易斯·塔潘（Lewis Tappan）创办的商业征信所（见图2-5）。在这一阶段，征信机构成为一个可以盈利的产业，获得利润的手段是广泛收集企业信息，然后将其加工为有利于信用活动主体进行判断的商品并进行售卖。

图 2-5　刘易斯·塔潘和美国第一家征信机构商业征信所

2. 消费信用的发展与个人征信机构的出现

个人征信机构的出现与消费信用的发展密不可分。消费信用可分为分期付款与到期一次性还款两种模式。美国的分期付款自有其历史以来就已经存在了——很多移民至美洲新大陆的英国清教徒无法一次性支付"五月花号"的约 500 英镑船票，因此只能以分期付款方式购买；在 18 世纪也出现了对一些昂贵图书的分期付款销售。因为清教将个人债务的有无与道德相联系，始终反对负债消费，此时消费信用只是偶然的、经常遭人非议的行为，直到 20 世纪初期美国新兴工业迅猛发展，分期付款这一消费信用模式才开始普及。最具代表性的行业为汽车、收音机、家具等耐用消费品制造业，由于生产成本较高但支付水平普遍有限，这些商品的销路难以打开。正是在这种情况下，较大规模的赊销、分期付款应运而生。以汽车为例，1930 年私人注册的小汽车高达 2 500 万辆，其中新车的 60%～70% 均是以分期付款方式销售的。

至于到期一次性还款这一消费信用模式，最具代表性的应用就是信用卡。自 19 世纪中叶开始，一些百货商店、餐饮公司、汽油公司等企业为了招揽顾客、扩大营业额，会给顾客发放专门用于赊购、约期付款的徽章。典型案例包括芝加哥零售商西尔斯，以连锁店形式大规模提供无担保信贷，并据此创设了信用卡的前身——西尔斯发现卡。但在当时信用卡体系并不完善：首先，这些卡片只能被发行它们的商家所接受；其次，由于没有标注姓名，可能发生冒用的情况。信用卡的完善与正式推广是在现代，其标志事件为1950年大来俱乐部推出大来信用卡。

在消费信用发展的初期，很多金融机构甚至以高达20%~40%的月利率向消费者贷款，不仅不利于刺激消费，而且使得资金大量流向消费贷，生产性的资金短缺。因此自1916年开始，美国许多州政府相继出台了《统一小额贷款法》，明确了贷款限额与最高利率。自此消费信用才得到了法律上的正式承认与保护。此外在消费信用发展的过程中，个人征信机构也开始出现：1899年艾可菲（Equifax）成立，并成为美国当今三大个人信用机构之一。

四、现代：信用体系的完善及其特点

自二战以后，西方信用体系未发生根源性、结构性的变化，主要是体系内部各要素的进一步优化，具体表现为以下四个方面：①信用产品极大丰富；②信用服务机制日渐成熟；③信用法律体系与监管制度不断完善；④公共征信系统建立。

二战后西方世界形成了以美元为主导的布雷顿森林体系，美国成为世界经济的重心，商业活动与金融活动的繁荣促进了美国信用活动的发展。上述种种发展率先发生于美国，美国也成为西方现代信用体系最具代表性的国家之一，形成了由行业征信系统、信用服务机构、信用保障与支持体系、信用监管体系、信用需求主体构成的市场化信用体系（见图 2-6）。分工明确的信用体系组件支撑着信用体系整体的运行与发展，各信用体系组件间亦相互紧密联系，因而美国社会信用体系的整体特点由各信用体系组件具体呈现。

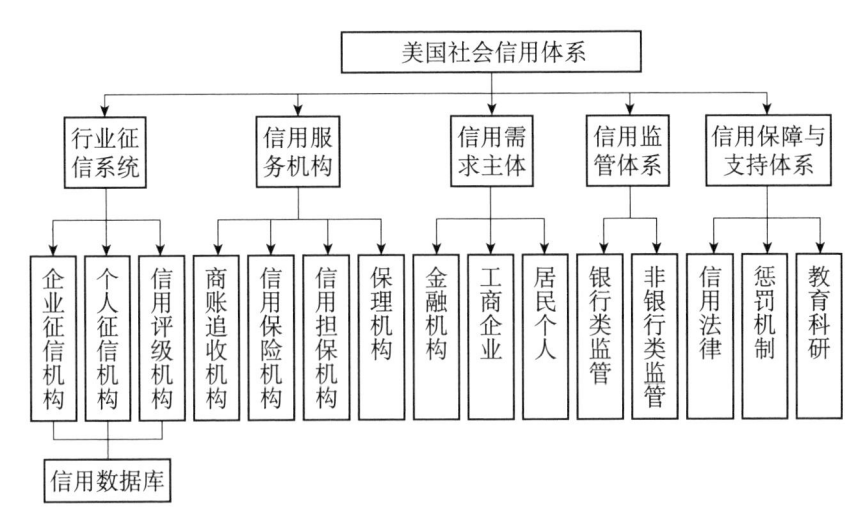

图 2-6 美国的社会信用体系架构图

（一）信用产品极大丰富

随着 20 世纪 40 年代开始的第三次科技革命与目前信息技术的飞速进步，工业化的深度与广度被不断拓展，从而促进了信用活动的升级与信用产品的更新。从信用产品的需求角度来看，一方面，新技术的出现使得传统产业的经营运作方式、商业模式升级，信用需求也随之升级；另一方面，新技术会带来全新的产业，也会产生全新的信用需求。从信用产品的供给角度来看，由于技术进步带来了新的行业热点与盈利机会，信用经营机构会增加供给、不断创新；新技术本身也是产品创新与业态创新的重要支撑，随着网络的普及，互联网金融在信用领域扮演着日益重要的角色，不仅诞生了第三方支付、P2P 贷款等信用产品，还因其灵活、成本低、面向群体广等特点而极大拓展了信用业务的领域。随着信用产品种类的增加与不断创新，金融机构的职能日益精细，种类愈加分化，呈现出专业化的趋势。

在现代之前，信用主体的供需双方创造产品或发现需求都是偶然的、出于应急需要的，但随着金融机构的专业化发展，信用产品的绝大多数创新都是由这些专业化机构有意识地、有针对性地完成的。这不仅带来了更为快速高效的信用产品创新，更使得信用活动效率提高、信用交易范围扩大。

科技进步导致的分工不仅会使生产力提高，还会带来风险的复杂化，这促使信用衍生产品诞生。随着社会化分工程度的加深，某一产业链上涉及的主体数量增加，一旦某一主体失信，将会引起整个产业链的一系列反应，信用风险的传递机制变得愈加复杂；基于上述原因，各类信用专营机构有倾向提供专门分散信用风险的信用衍生产品。较为常见的信用衍生产品包括信用违约互换、总收益互换、信用价差期权等。随着金融活动的开展，基础资产与信用衍生产品之间、信用衍生产品彼此之间的组合使得标准化信用产品的种类更加丰富、功能更加全面多元；而目前针对个体特殊信用需求来设计信用产品也已经是十分普遍的金融活动了。

信用产品的丰富对风险管理同样提出了更高的要求。无论是巴林银行倒闭还是美国次贷危机，都与信用衍生产品的滥用、缺乏监管等不良因素密不可分，因此控制与防范无序信用衍生产品交易对于信用体系的破坏，是信用风险管理的重要目标。从《巴塞尔协议Ⅰ》开始，巴塞尔委员会就建立了商业银行防范信用风险的最低资本要求，并且随着协议的更新与修正，各类指标逐步完善。20世纪90年代以来，许多大型跨国银行与公司都搭建起了可供参考的、更为专业的风险测量模型，如JP摩根开发的Credit Metrics模型、KMV公司开发的

KMV模型等。这些信用风险度量模型的广泛应用对于把控信用风险、保持良好的金融秩序、完善现代信用体系起到了至关重要的作用。

（二）信用服务机制日渐成熟

1. 征信机构与信用报告制度不断完善

征信机构是当今社会信用体系的核心组成部分之一，主要通过依法搜集分析个人与企业等不同信用需求主体的信用信息，评估相应主体的跨期风险，从而在法律规定范围内出具信用评估报告，进而在商品交易、银行信贷和企业发债等活动中与信用供给主体合作互动，增强信用透明度，提高安全性和经济效率。在这个意义上，征信机构在信用体系构建中发挥着基础支持作用。美国的征信机构呈现出高度集中与专业化的格局，无论是在企业征信领域还是个人征信领域，都分别由几大巨头垄断，这些巨头彼此之间既有合作关系，又靠差异化产品形成竞争；其余区域性机构均依附于这些巨头。美国征信体系架构见图2-7。

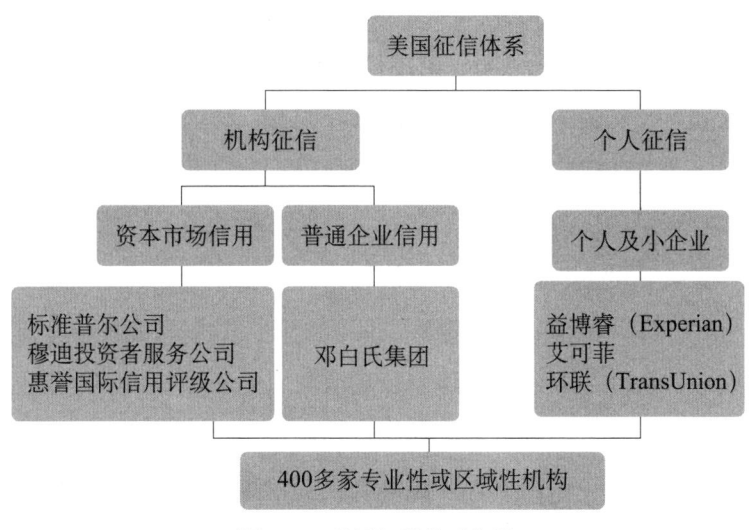

图2-7 美国征信体系架构

信用报告制度是基于立法来对信用信息的获取、使用、调取、转让等多维度进行约束与规范的信用制度。信用报告制度的构建主要关注的是对信用需求主体的隐私保护、信用主体获得公平信用报告的权利。信用报告制度的建立与推行不仅需要信用监管体系的密切配合，而且需要信用保障与支持体系在建立、推广教育、研究修订、严格约束惩戒等方面全方位的支持。因此，信用报告制度和征信机构共同串联起信用体系的各部分，发挥着核心组织作用。

信用报告制度的核心是相关保障法律，《公平信用报告法》(FCRA)是美国信用报告制度的基础性法律。FCRA规范的主体既涵盖了信用报告机构，同时也包括报告的使用者。对于消费者，FCRA规定其有权充分了解所有信用局出具的、与自身相关的资信报告，并有权对其中的不实信息提起申诉；对于信用局，FCRA主要限制了其对消费者提供的资信报告的使用和传播范围，例如规定信用报告提供的目的有依照法院指令并根据传票提供、按照客户的书面指示提供等。

信用报告制度依托信用保障与支持体系建立，主要规范信用服务机构从信用信息获取到分析再到应用的全流程业务，切实保障信用需求主体的隐私权等合法权益，对现代信用体系发挥着约束和保护作用。

一方面，相较于信用需求主体自我调查，征信机构的征信调查更加准确、丰富和高效。征信机构专业经营信用搜集与分析业务，同银行、政府机构、行业协会等建立了长期合作关系，因而在信息获取广泛度和准确度上，以及在信用信息分析专业性上较其他主体更具优势。另一方面，征信机构专业从事征信业务，其信息搜集与分析具备规模效应，边际业务成本能随业务量增加而逐渐降低，因而相较于信用供给主体的自我调查更具成本优势；在收入端方面，信用报告具备"非竞争性"，同一信用报告在提供给一方主体使用的同时，不影响其他主体的使用，从而减少了信息的重复搜集与分析。成本与收入两端

第二章　西方信用体系演化

的同向作用促使征信机构产生与发展，并为信用体系的构建发挥基础支持作用。图 2-8 为美国征信机构益博睿官网展示的信用报告样本。

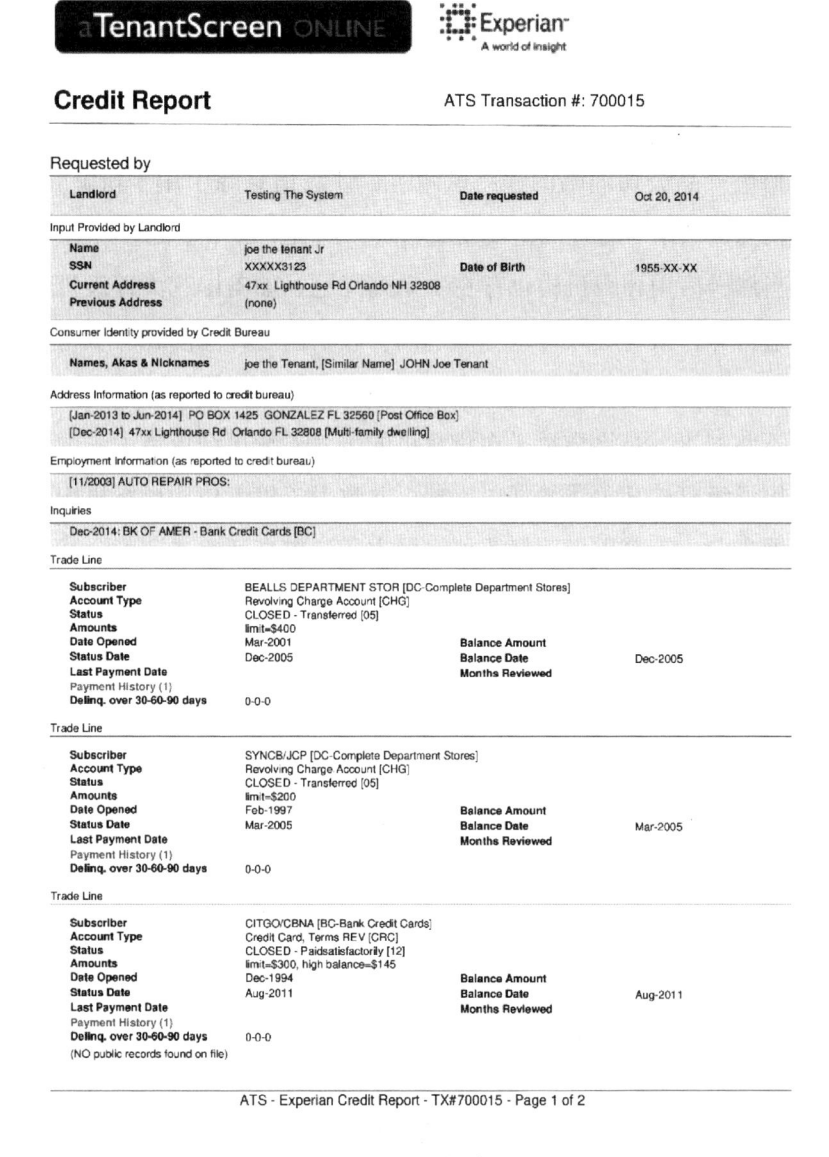

图 2-8　信用报告示例

2. 信用评级机构行为得以规范

在次贷危机爆发前，信用评级机构就始终在信用活动中发挥着举足轻重的作用；各国也均有相关立法，规定不同金融机构要与信用评级机构合作，在进行投资之前需要先由信用评级机构对企业进行评级。随着信用活动的进一步发展，信用评级机构所评估的内容也不再局限于主体的偿债能力与违约风险，还拓展至各种投资工具的信用风险、衍生产品公司面临的违约风险等。评级信息除了用于风险管理，也被视为资产组合管理的重要变量与资产配置的决策基础。

当然，信用评级机构也存在一系列问题，如美国三大评级机构存在利益博弈，最终导致评级标准趋同；收费制度存在问题、机构倾向于给出更高评级；对评级机构监管不力；评级方法存在缺陷……这些问题不断积累，最终导致了次贷危机的爆发。危机结束后，各国开始对信用评级机构相关法律加以完善，并致力于思考信用评级机构未来的发展方向：①着重规范修改评级的方式、提高评级透明度；②妥善解决信用评级机构间的利益冲突，强化其独立性。

3. 征信产业链不断完善

征信行业的整体繁荣推动征信细分行业专业水平的提升以及产业链的不断完善。目前，美国形成了涵盖数据收集、数据处理、产品形成与产品应用四个环节的完善征信产业链。

在数据收集环节，有如下四种常见的数据收集渠道：①由金融机构与零售商等授信方提供交易中积累的消费者个人信息，一般不收取费用；②第三方数据处理公司对公共数据进行一定处理后有偿提供；③征信机构之间建立信息的有偿互补共享渠道；④由征信机构主动向企业或个人有偿采集。

在数据处理环节，征信机构对数据进行配对处理，抓取关键特征变量，归集数据进行筛选、清洗，形成清晰明了、便于分析的用户画像。同时，为保证数据信息的可读性，提升信息利用效率，美国信用局协会要求征信机构提供标准化的信息，并采用专门的标准格式。

到了产品形成环节，根据处理结果，征信机构会构建评级标准或搭建评分模型，前者主要针对企业，后者适用于个人消费者，据此输出信用评级或评分结论、信用调查报告等产品。

而在产品应用环节，上述数据与产品会被应用到各类场景中，供授信方作为决策前的参考。

美国征信行业产业链见图2-9。

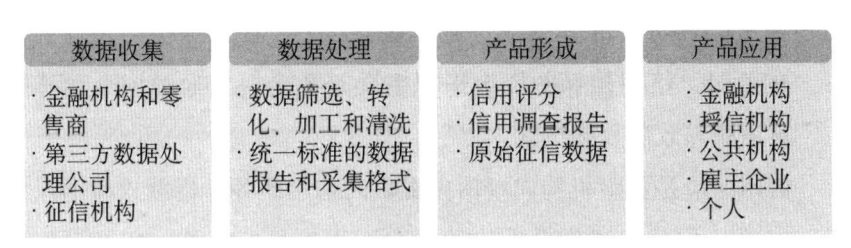

数据收集	数据处理	产品形成	产品应用
·金融机构和零售商 ·第三方数据处理公司 ·征信机构	·数据筛选、转化、加工和清洗 ·统一标准的数据报告和采集格式	·信用评分 ·信用调查报告 ·原始征信数据	·金融机构 ·授信机构 ·公共机构 ·雇主企业 ·个人

图 2-9 美国征信行业产业链

4. 多元信用服务体系提供细分领域保障

征信体系收集分析与应用信用数据，法律体系规范约束信用体系，信用监管体系维持信用体系的良好运转。在三大主体信用体系结构外，西方信用体系还有分工明确、职责清晰的信用服务体系，瞄准信用体系细分领域的需求，提供专业信用服务。信用服务体系的职能主要为代理追收账款、保付代理、担保、提供信用保险等。

商业账款代理追收是信用服务体系向授信方提供的主要服务，其催收方式与单纯讨债不同，主要是通过合法手段如电话催收、法律诉讼和依法交涉等进行追收，进而降低坏账率，防范化解信用风险。在美国，开设商业账款代理追收公司需要向政府缴纳规定的抵押金。在西方信用体系中，主要的商业账款代理追收公司有美国收账者协会(ACA)和 ABC Collect。

保付代理服务是保障化解信用交易中多项潜在风险的服务。上游企业把其对下游公司的应收账款债权以无追索权方式出售给保理商，即可享受保理商提供的贷款催收、坏账担保等服务。保付代理服务可以降低信用交易的潜在风险，促进信用交易的发展。在美国，主要的保付代理机构有 American Receivable 和 Riviera Finance 等。

信用担保服务是担保机构向受信方提供的保障服务。信用担保的主要服务对象是中小企业，美国的信用担保机构主要是小企业管理局，中小企业相较于大企业抗风险能力更差，因而融资能力更弱；信用担保服务缓解了部分中小企业的融资压力，促进了中小企业的发展。在美国，信用担保的资金来源主要是政府，先通过国会预算拨入，再由联邦政府直接拨款。

信用保险是保险机构向授信方提供的信用服务。借款人缴纳保费后，由保险公司对该借款人违约造成的损失进行补偿。因此，信用保险既能在一定程度上保障银行资产的安全，降低银行的不良贷款率，同时又能促进消费。在西方的信用体系中，主要的信用保险机构有德国的裕利安怡集团公司（Euler Hermes），荷兰的安卓集团公司（Atradius）和法国的科法斯集团公司（Coface）。

（三）信用法律体系与监管制度不断完善

1. 从信用流程看美国信用法律体系的特点：涵盖信用全流程

健全的法律体系是信用体系构建及发展的核心保障，信用情况涉及个人和企业的核心利益，因此开放信用信息、保障信用公正、开放信用体系、规范征信行业、建立信用奖惩机制等都需要建立明确的法律法规予以保障，且伴随信用体系的不断发展，需要对相应的法律法规做适应性修订。完善的信用法律体系可以为建立有序、规范的信用交易全流程打下坚实的基础，进而保障信用体系的长期稳定运行。

在征信阶段约束规范征信活动，具体需要在如下几个方面做出规定：第一，明确征信方采集信用信息的目的和用途，征信活动必须具备必要性和合法性；第二，明确划定信用信息的采集范围，若征信活动涉及敏感信息，则应当设置更严格的审查程序；第三，规定征信方对信用信息应承担的保存管理义务，如存储方式、安全义务、泄露责任等；第四，规定信用信息的披露尺度、使用范围、使用方式等；第五，设置争议解决与错误纠正程序，对各利益相关方因信用信息而存在的争议或因错误而导致的损失规定责任分配、责任承担方式等。在现行美国法律中，有16项生效的信用管理基本法律，涵盖从信用信息收集与分析、授信、违约追偿的完整信用流程，构建了一个公开透明、安全高效的征信体系和信息公开制度。

在征信阶段约束规范征信机构，具体需要在如下几个方面做出规定：第一，市场准入条件，包括最低资本金要求、设备条件和安全要求等；第二，经营范围，征信业务链条较长、分工明确，既有综合性全流程的征信机构，也有负责信息征集、信息存储等个别流程的机构，为便于监督管理，应明确划定各类型征信机构的经营范围；第三，备案制度、日常与年度检查制度、重大事项报告制度等风控监督制度，以便及时发现并控制业务风险；第四，行业自律要求，法律对违法违规行为的制裁是一种事后震慑，行业的健康发展必须依赖事前预防措施，如加强从业者教育、培养职业道德等，形成诚实的行业风气和可信可靠的行业形象。

在行业监管的法律体系建立方面，具体需要在如下几个方面做出规定：一是明确行业监管的具体内容，例如对征信活动和征信机构的监管范围、监管层级与监管形式等；二是明确行业监管的职能部门以及对应的监管职责和法律责任。

在信用应用阶段约束、规范信用信息资源的共享，旨在将失信行为个体的矛盾转化为失信者与全社会的矛盾，依靠失信惩戒与守信奖励机制，降低社会信用信息的应用成本，提高信用体系的运行效率。相关法制建设需要明确信息资源的共享范围、共享方式、被征信个体相关权益保护等问题。

2. 从保障主体看美国信用法律体系的特点：集中于保护消费者权益

美国信用法律体系保障集中于消费者信用，因此美国出台了多种场合下的、专门适用于保障消费者信用合法权益的相关法律。

在信用租借方面，美国于1969年颁布了《诚实租借法》，核心内容为：①条款公开，消费者有权知悉信用条款的全部内容；②信用条款之间必须具备可比性，以保证即使是非专业人士也能够理解不同条款之间的效果差异。

在信用销售方面，卖方需要将利率或款额以明确的方式告知买方，但法律未对最高利率加以限制。

在信用卡发行方面，美国自1970年实施《信用卡发行法》，信用卡发行机构需要接收到消费者的个人申请后才可以发卡，以避免信用卡被滥用、消费信用过度扩张；在消费信用结算方面，美国实行《公平信用结账法》，持卡人可以拒绝支付未经认可的账目，若信用卡失窃，最多也只需要额外支付不超过50美元的费用。随着电子支付的发展，美国于1978年通过《电子资金转账法》，禁止金融机构向客户兜售电子提款卡，也不允许金融机构向客户的电子提款卡提供透支额度。

3. 从监管模式看美国信用法律体系的特点：政府监管、行业自律、外部监管共存

在信贷发放方面，美国颁布了多部专门的信用法律：《社区再投资法》《银行平等竞争法》等。其中,《社区再投资法》鼓励银行满足社区的存贷需求,并要求联邦金融监管机构每年检查银行的存贷记录,公众也有对银行进行监督与评价的权利。

在股份信用方面,如前所述,监管制度仅局限于证券市场的法规和行业自律是远远不够的。因此现代信用体系的监管制度中还加入了对公司信用行为的规范,完善了公司履约保障机制。随着美国《公司法》的完善,公司的"股东会、董事会、独立董事"相互制衡的权力架构形成,从而减少了代理问题;严格禁止欺诈、操纵价格、内幕交易等违法行为;强制披露上市公司的公开重大信息。原有的针对证券市场的法规既不完善,又难以做到国家范围内的统一,因此一系列法律法规也随之出台。1933年,美国首个联邦范围内的证券法颁布,对执行主体进行明确;随后又先后出台《证券交易法》(1934年)、《投资公司法》(1940年)、《威廉姆斯法》(1968年)、《证券投资者保护法》(1970年)、《证券法修正法案》(1975年)等,更加着重强调信息披露,对违反法律法规行径的处罚也更为严重。

在公司审计方面,美国1933年《证券法》明确规定,会计机构由证券交易委员会进行监管,自此会计审计行业在原有行业自律的基础上又增加了外部监管。在20世纪70年代,由于无法发现财务上的纰漏,会计师事务所面临一场诉讼浪潮,许多会计师都承担了高额的连带责任;这场诉讼浪潮不仅促使会计师提高业务水平,还使得大批会计机构为避免连带责任转而采取有限责任形式;1984年《统一会计师法案》出台后,各州政府需要成立会计事务委员会,外部政府监管与内部行业自律相结合的模式更加成熟。会计机构的审计核心与重心也发生了改变。1949年,美国注册会计师协会提出,除了审查资产负债表是否真实以外,还应该重视对企业内部控制的审查;1984年美国高等法院发布通知,宣称"审计师的首要职责在于保护好公众的投资利益"。审计核心的改变不仅使公司治理与信用体系的关系更为密切，更是顺应了信用产品市场日益复杂的趋势。

在监管主体方面，中央银行自西方近代时期出现以来，就已经逐步获得了监管职能。大萧条结束之后，联邦政府不仅对商业银行的监管更为严格，也开始承担起对美国证券市场的监管职责。在1999年之前，由于金融行业的分业经营，监管也采取"分层分业"的模式：金融机构根据自身经营活动的范围，分别受到联邦政府与州政府的监管（"分层"）；银行、证券、保险等不同类别的专营机构分别受到相关监管机构的监管（"分业"）。随着美国1999年开始实施金融行业的混业经营，美联储可以同时监管银行、证券、保险这三个行业，其职能开始凌驾于其他专业监管机构之上。

目前美国信用体系的监管机构主要有联邦贸易委员会（FTC）、美联储、国家信用联盟管理局（NCUA）等。其中，FTC发挥的作用最为重大，主要负责征信立法及其解释与执行，并调查与制裁企业的失信行为。其余各机构根据其职能范围，在对应监管范围内依法进行监管。

4. 从监管结果看美国信用法律体系的特点：奖惩并行、普遍化、市场化、非绝对化

经过上百年的发展与变革，美国信用法律体系呈现出失信惩戒与守信奖励并行、受到普遍推行和广泛接受、主要依赖市场机制运行、非绝对化的特点。

①失信惩戒与守信奖励并行：在失信者的发展机会和空间受限的同时，守信者被给予了更多的发展机会。例如，对失信者提高贷款利率或降低贷款额度，而守信者在招标时会被优先考虑。美国的个人信用等级被划分为若干级，较为细致地区分了信用状况存在差异的个人，个人信用等级以信用评分的方式展现。例如FICO评分（Fair

Isaac Corporation Score）：最高分是 850 分，最低分是 300 分；若得分在 680 分以上，则反映了借款者信用良好，银行等信贷机构可以放心提供贷款，因此借款者在申请贷款时比较容易；620 分以下的信用评分反映了借款者信用恶劣，在申请贷款时通常会遭到放贷者的拒绝（见图 2-10）。不同的信用评分跨度会造成借款者贷款成本的巨大差异，通常表现为贷款利率差异在 1%～2% 的范围内波动，即信用质量不同的贷款申请者会面对 1%～2% 的贷款利率差异。

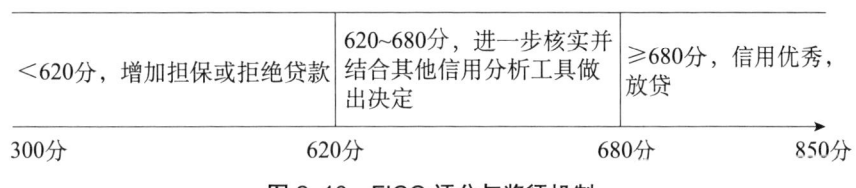

<620分，增加担保或拒绝贷款	620~680分，进一步核实并结合其他信用分析工具做出决定	≥680分，信用优秀，放贷
300分　　　　　　　　620分　　　　　　　　680分　　　　　　　　850分		

图 2-10　FICO 评分与奖惩机制

②监管与奖惩体系受到普遍推行和广泛接受：信用信息的开放共享使得全会社能够拥有被考核者的信用信息，失信者一处失信、处处受限。从美国公民开设的第一张信用卡开始，其付款和贷款时长、欠款有多少、新信用账户状况如何、在用信贷类型分别以不同的权重作为审核内容被记录到其个人信用信息之中，并时刻影响信用评分。当信用信息连同信用评分一同被传送到金融机构或商业企业等审核者手中时，被审核者的房屋租赁、信用卡申请、手机卡办理、保险购买、贷款申请等日常生活的方方面面都会受到影响。一旦失信导致信用评分降低，被审核者的生活就会受限。

③监管与奖惩体系主要依赖市场机制运行：美国的失信惩戒效力的发挥以行业自律监管为主、政府行政惩戒为辅，市场机制在其中发挥着主要作用。信用信息的调查、评估皆由专门的征信机构、评级机构负责，政府只是作为一个信用信息收集、处理、加工机构的监督者而存在，更多地是约束企业的行为而保护消费者的权益。与信用相关

的法律界定个人可供分享的信用信息与个人隐私的边界，明确征信机构信用信息的使用权限与范围，联邦和州层面的信用监管机构时刻监督着征信机构的行为。

④监管与奖惩体系非绝对化：失信惩戒的目的是使失信者得到的惩罚与从失信行为中的获益相抵补，失信惩戒机制发挥作用有度的约束，而非一次失信终生受限的绝对化。因此美国也建立了信用修复制度：第一，明确不良信息的种类和不良信息产生的原因；第二，不良信息的保存有一定的期限，期限一过记录消失，惩戒效力也会随之消失；第三，个人拥有不良信息的异议权和申诉权。

（四）公共征信系统建立

公共征信系统的建立是信用活动规模扩大后保护信用主体的信息这一要求的必然产物。目前西方征信体系主要有三种不同的模式，它们因征信机构所有权不同，呈现出不同的发展特点，互有优缺，因而能够共同存在于不同的西方信用体系中。

1.以英美为代表的私营征信模式：节省政府开支，市场化高效运作，监管与规范困难

私营征信体系是指由私人和法人投资，政府通过立法来依法对征信机构进行监管的体系。征信机构可依法自由经营征信业务，通过市场化的运作方式实现盈利。在私营征信体系中，政府是信用管理法案的提案人和解释人，同时是执法监督者，政府依法对私营征信机构进行间接管理。

从征信机构所有权看，私营征信体系下的征信机构由私人或法人所有，政府对其不具备所有权和直接管理权，因此在合法范围内营利是私营征信机构的核心目标。市场化的运作模式通过市场竞争机制优

胜劣汰，倒逼私营征信机构精进自身运营水平，推动行业发展。

私营征信体系节省政府开支，市场化运作提高运营效率，竞争机制推动行业发展。私营征信机构由私人或法人出资设立，政府无须投入大量资金，只需同步做好相关立法、执法工作，创造规范的竞争环境。在市场化竞争中，私营征信机构也会基于营利考虑，主观推进降本增收措施，如开发具有针对性的细分征信产品、提高专业人员的工作效率等，同时优胜劣汰机制会推动行业的自我发展与完善。

私营征信体系在处于信用体系起步阶段的国家难以成形，政府间接监管难以保障消费者权益、公平竞争等。在信用体系的起步阶段，信用市场的初期规模限制了私营征信体系的快速回本，因此私营征信机构难以获得足够的融资支持，发展速度将受到限制。同时，在行业发展的初期阶段，市场混沌化和政府监管体系的不完善会造成市场上涌现出大批水平参差不齐的征信机构，还可能出现信用信息滥用和消费者隐私泄露等现象，进而限制信用体系的发展与扩张。双向负反馈调节极不利于信用体系的构建与发展。

2. 以德法为代表的政府主导模式：降低信贷风险，增强信息安全，应用范围受限

在这种模式下，央行或政府设立的金融监管机构为征信系统的运作主体，设立的主要目的不是进行信用评级，而是防范风险、进行金融监管；其具有非营利性、强制性的特点，开放程度低，通常仅向金融机构开放；数据来源较为狭窄，受到严格管控。

公共征信体系的政府财政投入大，维护体系和数据库运行的成本较高，缺少营利动机驱动。以对数据使用限制严格的德国为例，法律规定，公共信贷登记系统实行对等原则，只有基于贷款审查的目的，才能向信息请求方提供其他机构的信息，这种对等原则限制了德国公共征信体系的商业化。缺乏市场竞争的推动作用，公共征信体系为金

融市场提供的征信产品匮乏，也不利于为了公共利益需要向社会提供信息服务，降低了信用信息利用效率。

公共征信体系有利于提高信用数据的质量，保护信用数据的安全，降低金融机构的信贷风险。对于处在信用体系构建起步阶段的国家来说，政府主导建立国家征信数据库，能够充分协调各方的既有信用数据，提高信用数据的质量，为信用体系的初期构建护航。就私营信用体系而言，信息不对称意味着相应的套利机会，提供稀有信用信息意味着竞争加剧以及金融机构自身竞争力下降，所以在私营信用体系下金融机构往往没有主观动力共享其所掌握的借款人的正面信息。在降低金融机构信贷风险方面，公共征信体系强制要求银行间的信息共享，节省了银行间重复获取与分析借款人的成本，在银行体系层面提升了信息透明度，降低了潜在信贷风险。

3. 以日本为代表的会员制模式：管理相对完善，高效满足会员需求，但行业壁垒不利于充分竞争

会员制征信体系是公共与私营征信体系共生存在、相互补充的征信体系，日本是采用会员制征信体系的代表国家。银行协会通常作为会员制征信体系的牵头组织方，设置征信机构，面向消费者或企业开展征信活动。为弥补运作成本，会员制征信体系提供的是有偿征信服务，往往采用浮动定价策略，营利与否取决于发起方的公私性质。

从所有权性质看，会员制征信机构公私所有的情况均存在，其主要特征不在于公私所有，而在于会员使用征信体系的价格将会特别低，监管依靠行业自律。在会员制征信体系下，征信服务的差别主要来源于入会与否，因而行业协会成为会员制征信体系下的主导机构。

会员制征信体系的组织管理相对完善，能高效满足会员的征信服务需求。在会员制征信体系下，管理机构由会员大会选定，具有类似私营征信机构下的组织架构形式和公司治理模式，因而管理相对完

善。会员制征信体系的产品开发以会员需求为导向，定价由会员大会授权决定，对会员而言，其需求能够迅速、准确地得到满足。

会员制征信体系需要强有力的行业协会主导，体系中的非会员难以享受优质征信服务，不利于市场的充分竞争。会员制征信体系运行的核心是行业协会与会员大会，从而需要行业协会有足够的专业能力和整合能力，相应地需要国家的信用体系有一定的发展基础，因而难以在信用体系构建早期推行。在会员制征信体系下，会员需求能够得到反馈与满足，而非会员难以获得优质的征信服务，因而会员门槛构成了信用行业的壁垒，不利于市场的充分竞争与发展。

此外新加坡、韩国、印度等国采用混合制模式，兼具市场主导、政府主导与会员制的特点，运作主体较为复杂，数据来源众多，开放程度也依据使用的数据而不同。

第三章
古代与近代中国的信用体系

一、传统中国的社会特征

历数夏禹开启的奴隶制社会,到秦王扫六合一统天下,再到末代皇帝退位封建帝制一夕土崩瓦解,中华文明及在其上建构的社会始终以农业为立身之本。我们将以农耕生产为经济基础的社会称作"传统社会",对于其基层社会之特征,费孝通先生在《乡土中国》中有精到的见解:在人地关系上,可以概括为农业生产下的土地黏性;在人际关系上,可以概括为村落格局中的熟人社会。

(一)土地黏性带来的低社会流动性

1. 文明的地理决定论

在文明诞生之初,地理环境从根本上塑造了文明的性格。爱琴海岛屿星罗,通达三洲,虽土地贫瘠,但坐享鱼盐之利,由此孕育了古希腊灿烂的海洋文明;蒙古草原一望无垠,气候恶劣,牧民逐水草而居,形成了粗犷剽悍的游牧文明;尼罗河流域一马平川,沃野千里,适宜农作物耕种,因而诞生了古埃及的大河文明。先民没有先进的工具和技术，改造自然的能力较弱，只能在既定环境中顺应自然以求生存之道，这是自然力介入人类文明程度最深的时期，也从根基上给文明的发展定调，从此长江东流，澜沧南下，开启了不同的文明演进路径。

是农业选择了中原，而不是中原选择了农业。从渤海之滨到南海岛礁，中国拥有漫长的海岸线，海洋也是沿岸人民的物产之源，但没有人会认为中华文明是海洋文明。原因在于，古希腊人透过爱琴海的浪花看到了他们的生产生活方式，他们通过在诸岛的城邦间进行商业贸易维持生计，而在中国人眼中，大洋是阻隔、是天堑、是世界的尽头，它虽略施恩惠，却也常以茫然无际、风大浪急的凶恶面目示人，以海洋营生相比于发展农业没有比较优势。中国广泛而显著的季风气候区适宜农作物生长，加之长江、黄河蜿蜒而过，在提供了充沛水源的同时，冲刷出了平坦的沿岸平原，带来了肥沃深厚的土壤，既然内陆大河提供了人类生存所需的所有条件——定居点、水源、食物来源，何必再向暴躁的大洋讨生活？因此，这片最适宜经营种植业的土地早在新石器时代就出现了农耕的痕迹，考古学家在黄河中游距今 8 000 年左右的裴李岗、磁山遗址中发现了粟的遗存，并将其视为中国最早的农业革命发生地。磁山文化遗址发掘中发现的房址、灰坑、粮窖见图 3-1。

图 3-1 磁山文化遗址发掘中发现的房址、灰坑、粮窖

新石器时代以降数千年，农业生产一直是中国历朝历代的立国之本，钱穆在《中国文化史导论》中指出，"中国文化是自始到今建筑在农业上面的"。从甲骨文里可以找到"黍、稷、稻、麦、蚕、桑"等字，还有耕种用的"耒、耜"等字，农业已经具备了精细化发展的特征。农业为国家运转提供稳定的经济基础，民以食为天，生存的首要问题是温饱问题，治理的首要矛盾是解决温饱问题，不同于古希腊破碎的土地和狭窄的平原，中国人摆脱饥寒交迫直截了当的方法就是发展和巩固农业生产，所以《周易》说"不耕获，未富也"。当战国中期秦国意欲富国强兵时，商鞅首先提出的就是"以农为本，以工商为末""废井田，开阡陌"的政策，认为工商业生产不是劳动生产，只有发展农业才能为大规模的军事行动提供稳定的物质来源，才会有"耐苦战"的"关西卒"，才会有中国历史上首个统一的封建制帝国。商鞅对经济基础一边倒式的重视顺应了生产力水平有限的封建社会的发展规律，其主张被后世继承并不断发展强化，成为封建社会一以贯之的重农抑商思想。帝国总要在黄昏中经历一番风雨飘摇，然而根基却不曾动摇，平静之后，将会长出新的叶片，开出新的花朵。

2. 农业生产的土地黏性

农业生产使中国农民产生了对土地的强烈依赖和黏性。这种黏性首先产生于农耕生产方式，而后成为文化烙印而不断得到强化。我们会对谁产生依赖？往往是哺育我们的人，是为我们的生存和发展提供给养的人，是对其产生情感需求的人，土地正是在中国人心中占据了这样不可替代的地位。在传统婚礼中，夫妻双方要先拜天地，再拜高堂，也就是说面对"天神"和"土地神"，连生之养之的父母都要屈居其次，足见在传统观念中土地地位之崇高。费孝通指出，"以农为生的人，世代定居是常态，迁居是变态"，因为土地是不动产，庄稼长在土地上，在某种程度上庄稼也是"不动产"，是带不走的，庄稼的生长、收获要在土地上完成，离了物质生活资料的人们无法生存，从而人们也只能与庄稼一同定居下来，把生老病死奉献给同一片土地，忙着播种、插秧，忙着施肥、除草，忙着收割、打谷，随四季轮转。

庄稼生长的自然循环和土地持续释放的生产能力赋予了农业生产可持续发展性。农民不需要像牧民一样逐水草而居，也没有必要像工商业者一样找寻地利之区位，只需要留在一处按部就班进行农业生产就足以获得稳定的产出，一个家庭有了栖身之所，也就意味着子子孙孙有了立命之地，土地承载着庄稼的周期生产，也见证了人事的"新陈代谢"。传统思想认为，纵使土地膏腴程度有别，那也是一种冥冥之中的命运，人将生在哪片土地上和父母姓甚名谁一样在落地之前是绝无可知的，在落地之后更是既定事实，从天意而绝非人力。土地不够肥沃的话，还可以依靠勤劳的双手，一旦踏上了背井离乡的路，如何满足口腹之欲就成为时时刻刻的问题。

在农业生产中农民可以与自然环境达成一种默契，从而提高生产力水平。老百姓只说与老天"交手"，对土地却常谈"依赖"。那是因为"天变一时"，它是无常的、不可控的，连天滂沱之后可能是天光炎灼，三冬暖未必不可接倒春寒，而且它遥不可及，眼睛看得到，手却摸不着，于是只能顺从、只能屈服，"人定胜天"只是豪言壮志而已，正是因为屡战屡败，所以要打气助威。而土地则不同，土地温和深沉，任人踩踏翻锄，它只是给庄稼提供给养，只是给屋棚夯实基础。中国古代农学发达，涌现了《氾胜之书》《农书》《齐民要术》《农政全书》等一批具有切实指导意义的农书作品（见图3-2），宝贵的农耕经验指导农民合理安排农事、提高产量，这在改造自然能力较弱的古代尤为重要，也推进了农业向精耕细作方向发展。那么任由这种安土重迁的土地黏性存在，好好守住自己的一亩三分地也就顺理成章了。

图 3-2　中国古代四大农书：《氾胜之书》《农书》《齐民要术》《农政全书》

3. 传统社会的低流动性

与土壤相依为命造成了传统社会极低的社会流动性和严格的户籍管理制度。中国古代最普遍的农业生产模式是以家庭为单位男耕女织的小农经济，在最小的经济生产单位——家庭中，主要劳动力料理繁重的农事活动，其余劳动力兼事牲畜畜养、衣物等其他生活资料的生产和采集等活动。一般来说，小农经济体的产出基本满足家庭的生存需求，这种自给自足性使人们安居一处便不需要奔走生活，只要呵护好田地就足以保证生活来源，所以最初的农民没有流动的必要，只有在发生饥荒、洪灾等自然灾害以及战乱连天，原来的家园不再适合农业生产，生存难以为继时，农民才会大举流动，寻找新的沃土。而随着大一统的封建王朝建立起来，农业成为国家的经济基础，军队和官僚不事生产，生活资料无据，只有农业才能为庞大的军事、官僚体系提供稳定的生活来源，保障国家社会运转的基础供应，不致"田荒而国贫矣"（《管子·治国》）。人口的大规模流动会妨碍正常的农业生产秩序，威胁经济基础，而衣食贫富直接关乎王朝兴亡，东汉末年的饥荒便是黄巾起义的导火索。为了阻止人口私自流动，政府采取措施，通过严格的户籍制度强行黏合人口与土地（早期户籍竹简见图3-3），发展出了编户齐民制度，对私自脱户成为流民的农民课以刑罚。生产规律的弹性约束与国家政策的刚性约束一道，把农民同土地更紧密地联系起来。

图3-3 早期户籍竹简

但低频率的流动并不意味着不存在流动，抛却兵荒马乱、自然灾害等情形不论，人口愈加繁荣而土地不能扩大，土地承载力过限了，人们也必然要在新的土地上开辟新生活。土地像一个水盆，古代农业生产技术落后，从而土地的承载力是相当有限的，而小农经济的特征又是劳动密集型生产，农业产量的提高依靠精耕细作和田地的开垦，需要大量人力投入，因此人口增长与农业发展在古代一直是互相促进、相辅相成的。中国古代人口规模波动剧烈，但高峰往往出现在政局平稳的王朝中期，西汉后期承平日久，据史书记载人口达到了6 000万的高峰，北宋时期随着越南占城稻等良种的引进，粮食单产显著提升，人口在这段时间快速攀升，首次突破1亿。然而土地能够养活的人口有限，超过负荷后就会导致整个群体的饥饿，因此富余的人口就像盆子里溢出的水一样向周围淌去，扛起锄头开垦新土地，建立新据点，用费孝通的话说，他们"像是老树上被风吹出去的种子"，飘散到远方一片新的土地上落地生根发芽，把本源的生活一齐带去，有的融入了当地的土地之中，有的还留有故土的芬芳，成为一块文化飞地。

（二）差序格局产生的道德礼节

1. 村落格局下的熟人社会

上文所说的低流动性代表了农民与土地、人与空间之间的相对稳定关系，而建立在小农经济基础上的人际关系则是"孤立与隔膜"。

当然，这种孤立与隔膜是以同居一处的地缘相邻的组织而非个人为单位的，这个单位大可以是几十上百户家庭所组成的成规模的村落，小可以是孤零零的一户家庭。人类没有尖牙利爪，但依然拥有统治世界的力量，依靠的乃是出色的制造使用工具的本领以及沟通协作能力。

这种合作在农业生产中大有用武之地，比如兴修水利工程。我国农业文明高度发达的长江黄河中下游地区是典型的季风气候区，其气候特征是降水季节年际波动极大，水稻抽穗时兴许滴水未降，到了收割时节却不吝瓢泼大雨。因此，为了提供充足的灌溉水源同时起到一定的防洪作用，兴修堤坝、开挖渠道等工程成为常见的水利措施。但水利工程工作量大、成本高企,远非一家一户所能担负,同时水利工程具备公共物品的属性,即建成后可以保障相当范围内的农业生产活动,因此为了提高共同的生产力水平,人们有聚居的需求。

再如为了保护人身财产安全而合作。古代城市稀疏,城市以外是广大的山林原野,农村就散布在比较原始的自然环境之中,与野地之间没有十分明显的界限,所以容易遭受野生动物的侵扰;再者,还需提防强盗窃贼劫取劳动成果,而单个家庭显然难以兼顾生产与保卫。面对凶猛的野兽,面对有备而来的强盗,单人反抗能力不足,往往需要付出财产甚至生命的代价,但如果一片土地上的人们基于保卫共同安全的一致目的结合起来,那么在一般威胁面前他们就会固若金汤。所以,使单个家庭聚合为村落的是诸家庭的强烈愿望,这说到底是公共物品的供给问题,生活上的聚居、生产上的协作具有正的外部性。

除此之外,村落的形成还有一定的客观因素。首先,不同于美国、澳大利亚一个农场主管理一大片土地的农业发展方式,直到今天我国农村每户家庭的田地面积都相当小。美澳模式得自历史上的开拓时期地广人稀,而我国平原的面积是相对逼仄的,山地、丘陵占比高,长江中下游狭长的平原外就是广大的江南丘陵,所以农田碎片化程度较高,于是每户家庭都守着一块块并不广阔的土地,以精细化的生产方式提高土地出产量。在农业机械化普及之前,仅靠人力能够投入生产的土地的确是十分有限的,如果把每户家庭耕种的土地拼成一整片,那么就在不大的空间范围内散落着许许多多家庭,地缘上的亲近感和互相需要使之自然而然地形成了一个聚落,便是村落。

另外,在土地平等继承的原则下,人事代谢带来的是人口堆积,兄弟在父辈去世后依规矩分别传承祖业,继续先辈的事业,如果没有开垦新的土地,则会有越来越多户家庭、越来越多的人在代代相传的田地上安家,导致邻里隔壁其实是同脉,是同一棵老树上的枝干,正如费孝通所说,"在稳定的社会中,地缘不过是血缘的投影"。

村落格局形成后,基本划定了个体一生的活动范围,人与人之间的孤立与隔离实际是村落与村落之间的孤立与隔离,他们之间只有些微流动性。如果不是对公共物品有需求,大多数情况下以村为单位的社群之间并没有来往的必要性,除非提供公共物品的难度非常大,需要纳入更多的家庭和劳动力,否则外来者将被视作敌人,他们可能成为土地的竞争者、安宁生活的破坏者。所以从宏观视角来说,中国传统社会中的信任存在于孤立的各村落内部,在广泛的社群之间缺乏互动从而亦缺乏信任。所以福山认为中国传统社会缺乏普遍信任,所有社会组织统统建立在家族的基础之上,人们对家族之外的人缺乏信任。

在这样的社会格局中,生活是"地方性"的。"地方性"首先在空间上说明了活动范围的狭隘,生产在一块不变的土壤上进行,人们的生活很少逾越自己村落的范围;其次在社会关系上描述了人际关系的特征,是简单的、扁平化的、稀薄的。所以在传统社会中,人们"常态的生活是终老是乡"[①],交往圈子中都是熟悉的人和物,这是一个没有陌生人的社会,即所谓"熟人社会"。

熟人社会的特征包括:首先,"熟悉"的本质是一种亲密感,来自人与人之间的长期接触交流,情感的产生需要磨合,生发自对人的了解和一举一动的习常,共同的生活环境提供了这一基础,乡土生活使人们有机结合在一起,人们在这里产生从心所欲不逾矩的自由。

其次,熟人社会具有长久性和非选择性,除了少数通过婚姻关系进入村落的新成员,村落扩容主要依赖于新生命的诞生,熟人社会中的关系是代代为继的,因而社会内部的规矩是长久相传的,成为新成

---

① 费孝通.乡土中国.北京:人民出版社,2015:6.

员落地后的外部条件，因此新成员成为继承者而不是创造者。

再次，因为亲密感，熟人社会不需要文字作为信息传达的载体，文字本是附着"意义"的象征，对同一象征联想到同一"意义"需要社群中的个体具有相同的经验，而在"面对面社群"中，这种经验的丰富程度已经大大超出了文字之所求，因此文字在这种情形下传递的信息是不够精确的，代之以对共同经验基础要求更高的表情、动作和特定的语言，它们较文字有更高的信息传播效率，熟悉感也在这一过程中得以强化。

最后，通过熟悉产生个别意义的信任，熟人社会中的扁平化人际关系意味着各人之间知根知底，契约何加焉？这种信任并不因缺少白纸黑字的见证而空洞，相反，它的可靠性甚至更强，因为其来自"对一种行为的规矩熟悉到不假思索时的可靠性"①。而这种信任的缺点是其有效半径太短，以熟悉为基础的互信地基坚实，但空间上很难超越村落的范围。

2. 差序格局中的道德形成

差序格局是费孝通对乡土社会中的人际关系格局提出的新概念，用以与西方的团体格局相区别。差序格局以个人为中心外推而形成，如同水面上的同心圆波纹，是不稳定的、界限模糊的。而团体格局的架构则是先于其中的人物而产生的，是一个稳定的、边界清晰的格局。

差序格局实际是传统社会人我、群己的划分方式，根本上来自血缘、地缘关系的联结。人们之间互相发生关系，首先来自由生育和婚姻关系产生的联系，亲属关系代代相连，可以推向无穷的远方和无数的人们。其次，人际关系发展于日常生活环境中，小农经济决定的

---

① 费孝通. 乡土中国. 北京：人民出版社，2015:7.

社会低流动性必然导致以村庄为单位的聚居点中产生绵密的人际关系网络，与外界他人产生联系是次要的。中国人的关系讲远近，也讲亲疏，远近是指在血缘关系那套抽象的亲属关系网格中的相对位置，亲疏可以以血缘关系的远近为基础，但是由于情感交流、利益往来等因素的加入，在其之上缩放范围，在极端情况下，"自己人"的圈子可以完全抛却血亲而存在。亲疏关系的变动不居是差序格局伸缩性的由来。

差序格局的本质是"自我主义"，或曰"家庭本位主义"。上文已述，土地平等继承带来的是宗亲在村落的堆积，地缘成为血缘在土地上的投影，二者在传统社会中是重合的，差序格局在此基础上形成。不同的人可以使用同一套抽象的亲属关系记认体系，每个人都能靠着这套模板把周遭的人放进名为"父母""祖父母""兄弟姐妹"的框中，然而这套体系以个体为中心，因此具体的人际网络是绝不相同的，向上向下的发散结果皆不雷同。传统的人际关系是在一个网络中一圈圈推出去的，"私"和"公"的区别就是自己人和外人的区别，站在每一圈的边缘向内看即是"私"，向外张望即是"公"。但再大的自己人圈层总要把自己作为中心，自己是一切行为的出发点和归宿，维护的是以自己的势力范围为半径的圈子，圈内存在的是共同利益，维护这一圈子的利益是"自我主义"。

道德被社会学家解释为"社会对个人行为的制裁力"[1]，它并不具备法律的强制力，而是通过社会舆论的评价施以软性约束，从而在实际上影响个人的生存与发展空间，使其行事遵循秩序、维护社会共同利益。熟人社会是人们及其关系的集合，恰恰由于圈子的狭窄和封闭性，人们互相熟知，因此舆论是特别有效的，道德的制裁力显著且能

---

[1] 费孝通.乡土中国.北京：人民出版社，2015:36.

够迅速见效，因而在熟人社会中有强大的约束力。

法律的硬约束在传统社会中渗透率低的重要原因是，法律是统治者统一颁布的，其追求的是统治领域范围内的通盘适用，但各地环境条件不同、习惯风俗各异，普遍性的法律进入个别化的地方就会水土不服。而且中国古代实施严刑峻法，罪行的量刑间梯度不足，严酷的事后刑罚大大削弱了法律预防犯罪的机能，反而因为滥施的肉刑造成犯人劳动能力的丧失，其效用-成本比远不如土生土长、注重教化预防的道德礼节。所以在中国传统社会中，道德取代了法律成为基层社会的主要行为规范。

差序格局不断向外推广的圈子边界是极其模糊的，除了同心圆中心的自己，没有一个人能够准确地在圈内定位，所以道德体系首先约束自我，讲究"克己复礼"。从中心向外推的过程，是顺着每一对关系向外扩张私人联系的过程，道德就牵连在每一对关系中。

合乎道德的行为规范就是礼，礼之所以被一代又一代人所接纳、所遵循，是因其有效性。礼汇聚了祖祖辈辈传承下来的宝贵经验，几乎穷尽了一方土地上的每一代人、每一个人生阶段的所有可能性，人们尝试用这些经验解决遇到的问题，人事兴替而故土长存，这样的解决方式在一方不变的土地上是长久奏效的，因此人们不需要打破旧有规范、创造新规范，就可以稳定地生活下去。世代的延续性、社会的稳定性保证了礼的长久有效，即使有变化，只要变化不至于过分激荡，就能够在代际更替中完成礼的发展、道德的进步，这是其时代性。

礼不是镌刻在石板上的法条，人们遵循礼义道德并非因为受到震慑，而是源于对经验的膺服。经验代代相授，父母教给孩子，孩子长大后又讲给下一代听，家长在其中负有教化义务，基于教化产生了强制，而强制又导致了权力的产生。生活经验的时时积累、社会阅历的刻刻丰富，使年岁最高、经历最丰富的长者拥有了最高的话语权，因此教化权力产生了"长老统治"，树立了以长者在传统社会中占据权威地位的长幼之序。

二、传统中国的信用体系

以参与主体为经，以利益取得方式为纬，可以大致勾勒出传统中国的信用体系。先将体系二分为民间信用与政府信用两部分。在民间信用之中，基础性的体系是在熟人社会内部依靠道德支撑起来的，另外还有熟人社会外部的高利贷。在政府信用中，大体具备福利性的赈贷是其一，类似于国债的向民众举债是其二。

（一）民间信用

我国古代的民间信用体系可以区分为最常见的、生活周遭的熟人社会中的信用关系，以及在微弱的社会流动性中产生的商业信用。借贷行为发生在私有制产生以后，在农业社会较长的时间与绝大多数的信用往来中，前者都占绝对的主导地位，直到商品经济获得长足发展后，商业信用才成规模地出现在社会中，因此我们认为商业信用是非传统的，这一段进程将在下一章讲述。

1. 以道德伦理为基础的信用体系

前文已述，传统中国大体是一个稳定的熟人社会，农业是经济的基础，除少数特殊情况外，农民需要参与借贷活动的机会不多，而且在"自己人"的圈子里，利息的概念非常淡薄，道德礼节的软性规范足以约束日常的信用行为。

传统社会的信用体系中的信用本质上是一种情感型信用，出发点在于熟悉，而动机并非在于利益。人们的信用建立在熟人社会中亲戚、朋友互信的基础上，取决于传统社会中"人的依赖性关系"，其强度随差序格局圈子的放大、缩小而变化，在"自己人"的圈子内，这种信用体系是一张自发的、有力的网，而在圈子外，信用的土壤几乎荡然无存，人们之间难以形成普遍化的信任。

传统社会的信用体系虽不具备现代信用体系的特征，但符合当时的社会条件，有深厚的社会基础。就物质条件来说，信用体系产生的基础薄弱。在自给自足的小农经济下，社会生产力水平落后，除了满足家庭的生活需要外，农业产出并没有什么剩余，因此，产品的交换是局部的、单一的，用于出借、融通的产品就更加匮乏。就社会交往方式来说，出现借贷需求时，村落中的家庭一定是先寻求毗邻而居的亲朋的帮助，互相扶助是独户家庭聚合成为有机的村落格局的重要原因。而"在亲密的血缘社会中商业是不能存在的"①，因为熟人社会的交易以人情相维持，若在借贷关系中明码标价确定利率，待日后还清本息，就算清算了人情，也不必再有往来了，这在熟人社会中是断绝关系的表现。

传统社会的信用体系以道德伦理为内核，其根本原因在于道德规范在熟人社会治理中的有效性。借贷双方签订的是"君子协定"，即便双方不仔细商定，借钱者也会如期悉数归还，因为诚信从来都是传统观念中具有普适性的一条道德规范，儒家把"仁义礼智信"奉为"五常"，孔子说"人而无信，不知其可也"（《论语·为政》），可见守信是儒家思想中举足轻重的美德。信用体系的规范社会化经历了由"被迫"向"自觉"演化的过程，一开始为了获得成员的支持，个体必须遵守相关规则，道德伦理是熟人社会秩序的红线，倘若失信

---

① 费孝通. 乡土中国. 北京：人民出版社，2015: 93.

行为发生,"道德沦丧"的名声会在小小的熟人圈子中迅速传播,以社会舆论为武装的道德会令失信者发生在他人的熟人圈中的边缘化移动,使之在赖以生存的熟人社会中处于岌岌可危的境地。此后,个体在"强迫"中认识到守信是低成本的、可持续的,转而主动维护秩序并敦促他人遵守,守信成为自觉化的行为。道德以教化的力量使人相信"信"是理所应当的,以此预防失信行为的发生;同时以失信后的软性惩戒软化人生存的社会基础,以此达到维护信用体系的目的。因此,传统信用体系的运转也就不是依赖政府的强力干预,而是依赖教化产生的深信。

伦理道德只在一定范围内发生作用,这决定了传统社会的信用体系是割据一方的,半径也是较短的。所谓"有借有还,再借不难",在人口流动性强于信息流动性的社会中是不存在这样的民谚的,因为失信前科不为远在千里外的人所知晓。既已到达千里之外,则必然被划分"内外"的同心圆与本地分隔开,对外的天然隔阂使本地积累起来的道德观念在千里之外没有适用的土壤。对于逐利而居、流动性较强的商人而言,讲成本和利润,因此产生了利息,追求利益被放在首位,而且是多多益善,于是产生了高利贷,也因此产生了政府主导的规范性的法令。

在熟人社会内,形成了以道德伦理为基础的信用体系,在熟人社会外,产生了粗放的、剥削性较强的信用活动。

2. 熟人社会外的民间信用活动

日常生活中一般的信用活动可以在村落内部完成,完全被包括在以道德为基础、不收利息、有借有还的传统信用体系中。小农经济生产力不足,一旦生产、再生产面临较大的缺口,社群内部的资源无法完全覆盖,农民就需要诉诸熟人社会之外求援。这类信用活动并不鲜见,但传统社会的信用体系彻底失灵,因为其超出了传统信用存在的前提条件——村落格局中的熟人社会，道德失去了制裁力，逐利无可厚非且理所应当，主要形式是高利贷。马克思分析认为，高利贷资本的发展与生产力水平负相关，传统社会高利贷的普遍与我国古代生产力水平低、商品经济受限关系密切。

史料中对高利贷的明确记载可以追溯到我国春秋战国时期。晋国大夫栾桓子"假贷居贿"（《国语·晋语八》），即是一种放高利贷的行为，《国语》评价他"骄泰奢侈，贪欲无艺"，是一种失德的表现。

发展到西汉初年，长安（今陕西西安）出现了一个由"子钱家"（高利贷者）放款的金融市场。汉景帝三年（公元前154年），七国之乱爆发，准备从军的列侯封君向子钱家借款，多数子钱家因局势尚不明朗而持观望态度，只有无盐氏借出千金。七国之乱被平定后，无盐氏一年收取了十倍利息，因此"富埒关中"（《史记·货殖列传》）。

南朝时期，贵族、官僚经商并发放高利贷渐成风气，北齐宋游道在尚书左丞任上举劾包括太师、太保、司徒、司空等一众高官"官贷金银，催征酬价"（《北史》·卷三十四·《列传第二十二·宋游道》），足见其普遍性，其余富庶的商人富户自不待言。南北朝时礼佛之风盛行，寺庙富甲一方，北朝出现了"僧祇粟"，从最初的赈济灾民之用发展为后来的高利贷资本，南朝则出现了以南齐招提寺、南梁长沙寺为代表的经营抵押放款业务的"寺院质库"，乃是中国最早的当铺。

随着对外交往日益频繁，外国人逐渐加入放贷者队伍中。唐朝国力强盛，实行开放的对外政策，外国人发放高利贷首现史书。元代回鹘（今维吾尔族）人在民间放"羊羔利"①，利息极高，受到朝臣官民

---

① 复利计息像母羊生下羊羔，羊羔成为母羊后又生下小羊羔，故得此称。

的强烈反对。

遍览我国古代高利贷的发展历程，放贷行为普遍化、主体扩大化，从巨商富贾到王宫贵族、官僚政客乃至僧侣寺院，他们的经济地位与其同政治的联系高度相关，足使其在凭借权势牟取高息的同时保证资本安全。这说明直到五代十国时期我国民间信用的结构都并未复杂化，依然保留了差序的同心圆格局，只是信用的广度与深度有所延展，信用体系的中心从熟人社会中的遍在性转向阶级社会中的上移化。

孟子在批评赋税中的贡法（征税标准固定，不论收成多少）时，说农民在荒年因无法交足赋税，于是"称贷而益之"，结果是"使老稚转乎沟壑"（《孟子·滕文公上》，即老人和孩子被弃尸于沟壑），反映出过分高昂的利息导致农民不堪重负，甚至出现了逼死人的情况。

统治者早早地注意到了这个问题，采取了一些措施限制利息畸高。如西汉旁光侯刘殷"取息过律"、陵乡侯刘䜣"贷谷息过律"，均被朝廷免去侯爵；唐代禁止复利计息，武则天在长安元年（701年）规定"不得回利作本"（《唐会要》·卷八十八·《杂录》）；明代还对放贷主体作了限制，不允许监临官吏在所部内放债、典当财物，不允许豪势者不经告官便强行夺取借债人的孳畜产业、准折借债人的妻妾子女，禁止听选官吏、监生等人借债以及与债主及保人同赴任所取偿（《明会典》·卷一六四·《钱债》）。

然而统治者即使认识到了高利贷的盘剥过度、使农民倾家荡产、给社会带来不安定因素等弊端，也是一味堵塞而不加疏导，采取"一刀切"的限制方法，促使高利贷从台面转移到地下，从而高利剥削的本质并未得到扭转，反而加大了监管难度，导致传统民间借贷体系愈加畸形。

（二）政府信用

政府的信用活动由来已久，上可追溯到西周时期，表现为"民负官债"和"官负民债"两种形式。

1. 民负官债

"民负官债"主要是政府实施赈贷、农贷等政策。将放贷作为赈济百姓之重要手段的政策传统始自周王朝。《周礼》记载，泉府是政府从事信用活动的机构，向民众实施赊贷政策，区分"赊"和"贷"，"赊"是政府赊与民间用作祭祀、丧事的，由于是单纯的消费，所以不收利息，而"贷"是政府贷给民间经营产业的，生产经营以营利为目的，故要收取利息。

西汉出现"振贷"一词，实际上就是"赈贷"，已经成为政府经常的政策。赈贷的对象往往是贫民、孤、寡、羸、弱等社会底层的弱势群体，当然也包括在自然灾害中罹受摧残的人们。

赈贷的内容包括生活资料、生产资料或者一般等价物等。西汉时，赈贷主要是口粮和种子，有时贷出耕牛和犁，出于减轻百姓负担的福利性考虑，政府还常常宣布免除债务；东汉政府常有赐贫民粟、帛的救济措施，章帝元和元年（84年）二月，政府令各郡国募无田的农民到土地肥沃处耕种，由政府赐给公田，雇给耕佣"赁种饷，贳与田器"（《后汉书》·卷三·《肃宗孝章帝纪》），其中"赁"和"贳"都是政府的赈贷，包括种子、口粮、农具等；北宋的赈贷内容包括钱、银、绢、粮食、耕牛、种子等。

政府力量有限，社会遭遇巨灾时保障力量不足，因此国家注重引入多渠道赈贷力量。有时动员富人放贷，并提供奖励激励之，如汉武帝曾要求地方上报向贫民放贷者的名单以便表彰。唐朝设置义仓（社仓）进行赈贷，丰年鼓励民众捐出部分粟麦，保存于本社粮仓，荒年取出赈给百姓（丰图义仓遗址见图3-4）。宪宗元和元年（806年），规定在地税中拿出两成贮于常平仓和义仓，用作"出粜"（常平仓）和"赈贷"（义仓），前者除了发挥储粮备荒的作用外，还发挥对粮食进行低买高卖以稳定价格的作用。明代政府也号召富人参加赈贷，宣德十年（1435年）英宗即位后，刑科给事中年富奏准以后如遇荒歉，政府"为贫民立券，贷富人粟分给"，免去富人的杂役作为利息，待丰年时还本（《典故纪闻》·卷十），从此富人参加赈贷成为常制。

图3-4 丰图义仓遗址

赈贷发挥着赢得民心、维护社会安定、巩固统治基础的作用。公元前544年，宋国发生饥荒，大夫司城子罕建议平公"出公粟以贷"，并命令大夫都参与借贷，使"宋无饥人"（《春秋左传·襄公·二十九年》）。晋惠帝元康五年（295年），荆州、扬州等六州出现洪涝灾害，皇帝派御史"巡行振贷"（《晋书》·卷四·《帝纪第四·惠帝》）。

从隋代开始，"民负官债"从单纯的公益性质政策措施部分转向了剥削工具。文帝开皇八年（588年）以前，朝廷曾专门给京官和各地官员发放一笔资金，称为"公廨钱"，让官员们用于经商或发放高利贷,这是官营高利贷的雏形,利息收入被纳为部分行政费用。

唐朝将"公廨钱"发展成正式的官营高利贷形式。高祖武德元年(618年)十二月政府在京师设公廨本钱,由各司的令史担任"捉钱令史"来主持工作。每司九人,每人分配本钱四万至五万文,每月收取利息四千文,相当于月息八至十分,政府将利息用作官吏的料钱(津贴)。

北宋时,王安石变法推行青苗法,于青黄不接之时将常平仓中的粮食贷给贫民,待秋收时收回本息。这样做名义上是为了帮助农民正常生产,但本质是官营高利贷,年内夏秋税两次收息,月息四分,然而四分是名义利率,实际上经过价格折算和官吏盘剥,利率还要更高。

元朝政府有时用放债取利的方法补充经费。太宗十年(1228年)设"惠民药局"于十路,朝廷给银五百锭作为本钱,"月营子钱,以备药物"(《元史》·卷九十六·《惠民药局》)。至元十三年(1276年)设立永昌路(今甘肃永昌)山丹城等驿站,给予中统钞千锭作为本金,利息即填补驿站各项开支(《元史》·卷九·《本纪第九·世祖六》)。

清代政府发放以取利为目的的"生息银两"。生息银两出现于康熙一朝,最初还扮演着经营商业、农业本钱的角色,利息与经营利润相混淆。到雍正年间,生息银两的息银已不完全用于赏赐兵丁,乾隆时还可以用于堤工经费等。随着商人经济实力的增强,乾隆后期,生息银两完全成为交商生息的银两,息银也悉数用作政府开支。就利率而言,月息一般为一分或一分五厘,并不能算是高利贷。

2. 官负民债

"官负民债"主要是指政府财政不足时向民众筹措款项。东汉和帝之后,对外战争频仍,自安帝永初元年(107年)开始长达十二年和自顺帝永和五年（140年）开始长达六年的对羌族战争，战费开支达 320 余"亿"（《后汉书》·卷八十七·《西羌传第七十七》），桓帝永康元年（167年）至灵帝建宁二年（169年）的对羌族战争又花费 44 "亿"（《后汉书》·卷六五·《皇甫张段列传第五十五》）。国家财政入不敷出，就向民间或王侯、官员借钱，这是中国最早的国债。到永初四年（110年），政府已"负人责数十亿万"（《后汉书》·卷五十一·《李陈庞陈桥列传第四十一》）。

虽名为"政府信用"，但封建社会的政府并不真正具备信用意识，以至于出现了强借民债之行径。后唐末帝清泰元年（934年），为了筹措赏军费用，"预借居民五个月房课，不问士庶，一概施行"（《旧五代史》·卷四十六·《唐书二十二·末帝纪上》），与其说是"借"，倒不如说是"抢"。

三、商业发展后信用体系的变化

城市经济在宋代的勃兴带来了宋代商业的繁荣和市民阶层的出现。不同于传统社会小圈子的稳定环境，商业较强的流动性给传统社会带来了冲击，逐利之风盛行。在此环境下，商业信用和金融信用得到了普遍的发展。

（一）宋代以后的商业发展

1. 商品经济繁荣

唐代中后期，均田制废弛，两税法推行，土地私有制大步向前，土地向豪强贵族、庶族地主集中。土地转移频率大大提升，形成"贫富无定势，田宅无定主。有钱则买，无钱则卖"（《袁氏世范》·卷三的趋势，农民与土地的人身依附关系遭到削弱，租佃制取代隋唐世家大族的庄园经济而兴盛起来。同时，体现为雇佣关系的招募制也在宋代官私手工业部门中建立起来，工匠按产品的数量和质量取得薪酬，生产积极性有所提高，产出增加。另外，宋代政府一反前朝一味压抑商业发展的经济政策，转向与商人共利、分利，宣布"一切弛放，任令通商"（《净德集》·卷一），采取了不少惠商、恤商政策。因此宋代商品经济空前繁荣，呈现如下几个特征。

第一，产品商品化程度提高。宋代是我国古代人口的又一高峰时期，据史料推测最多时已超过1亿人，同时出现了一批人丁兴旺、经济繁荣的城市，如汴京、临安等，有学者甚至认为北宋时的人口城镇化水平已经达到20%。城市不事农耕，但人口聚集意味着粮食等生活必需品的巨大需求，仅临安新开门外草桥下南街的米店便多达三四十家（《梦粱录》·卷十六）。商人扮演了将生活资料从农村贩往城市的转运者角色，商品经济的重心从原来满足显贵奢靡生活需要的奢侈品转向满足城镇居民生活所需的日常消费品。城市生活日益丰富，商品种类也更加繁多，从果腹之需的粮食、肉类、瓜果、盐、油等，到丝绸、瓷器、车船等手工业产品，足见一个繁荣活跃的市场。商品化水平提高的另一个侧面是商业业态的丰富，除了商品市场的繁荣，还有服务业的兴盛，城市商业繁华区饭馆、酒楼、茶肆、瓦肆、歌楼等消费娱乐场所密集，难怪南宋诗人林升要感慨"山外青山楼外楼，西湖歌舞几时休"。

第二，坊市的区隔被打破，商业经营不再有地点、时间限制。终唐一代，城市的首要功能是地区行政首府，统治者实施坊市分离的管理方式，人为划定居住区和贸易场所，前者称"坊"，后者称"市"，"坊"中不得开设店铺，而且严格限定市场的营业时间，只允许在白天规定时段内交易，专派官吏管理市门和坊门，日出则开，日入则关，商业发展大大受限。唐末至五代社会动荡、战事频仍，坊市制度因之而有所松弛，二者的界限渐次模糊，夜间交易有所发展。到了宋代，坊市的界限已被完全打破，临街摆摊、坊中开铺的"侵街"现象屡禁不止，仁宗年间索性允许"坊市合一"，居住区与贸易场所交错分布。不仅如此，市场贸易的时间限制也被打破，出现了早市和夜市，汴京城内夜晚灯火通明，夜市直至三更方才结束。

第三，城市经济功能突出和商业地域得以扩张。两宋时期，随着社会生产力的提高和贸易的发展，涌现出了一批人口稠密的商业大都市，如开封、临安、成都等，彼时之盛况从张择端的《清明上河图》（见图3-5）中可窥一二。据统计，唐代全国仅13座城市人口达到10万户以上，而北宋时已有超过40个，到南宋徽宗崇宁年间则超过了50个。从"镇"这一行政单位的设置也可一窥宋代城市经济功能的日益突出，宋代以前，镇一般是军事要冲设防之地，而宋代市镇的军事意义已然淡化，其广泛崛起主要是商品经济发展的结果。按兴起的原因划分，宋镇主要有如下几种类型：一类是在草市、墟市的频繁的商业活动中固定下来的聚居点，如上海镇；另一类是因地利之便居通达之地而形成的容易发展商业的地方，如陆路、水路的枢纽节点；还有一类则是产业聚集的专业化市镇，如江西景德镇。在郊外农村地区，城市周围和交通要道附近的定期集市——草市和墟市已普遍存在，草市与墟市是比较原始的市场，起着沟通城乡经济的作用，农民和手工业者在这个市场上出售富余的农产品和手工业品，用于交换其他商品。草市、墟市业态虽简单，规模也往往不大，但数量甚众，据史料记载，北宋熙宁九年（1076年）全国府界及诸路坊场、河渡等共有草市 27 607 处，其中不少因为交易活跃逐渐成为定居点，发展成为繁荣的商业市镇。

图 3-5 《清明上河图》(部分)

及至明清两代,王朝统治日久,社会在较长的时段内保持和平安定,为商品的流通和商业的壮大提供了良好的环境。明代中后期后,茶叶等经济作物广泛种植,农副产品的商品化程度继续加深,同时形成了以经营织染业的松江为代表的生产专业化地区,商业愈加繁盛。

2. 商人群体壮大

随着商品经济的发展,受低买高卖、囤积居奇的高额利益驱动,经商逐利成为一时之风。且不止专职商人,上至皇亲国戚,下至村老乡妇,官僚、士人乃至僧侣道士纷纷经商聚财,宋代以后商人群体不断壮大。同时,繁荣的商业将大批量的生活资料、生产资料从农村转卖到城市,保证了激增的城市人口基本的生产生活需要。明清时市民阶层壮大,稳定的农业社会结构出现了松动的迹象。

利益丰厚的商业活动必然少不了有权有势的皇亲贵族的参与。北宋仁宗时,"诸王邸多殖产市井,日取其资"(《续资治通鉴长编》·卷一百八十七），南宋皇室成员经商之风更盛，"逐什百之利，为懋迁之计，与商贾皂隶为伍"（《宋会要辑稿》·帝系六）。

官僚参与商业活动，攫取高额利润的事例比比皆是。北宋开国功臣赵普，独相十年，也"尝以隙地私易尚食蔬圃，广第宅，营邸店"（《续资治通鉴长编》·卷十四）。此等尚且算是与民争利，更有甚者，操持权力，公然在国家专营行当大兴家业，"兴贩禁物、茶盐、香药之类，动以舟车，贸迁往来，日取富足"（《蔡忠惠公文集》·卷十五）。以至于王安石批评道："今官大者，往往交路遗、营资产，以负贪污之毁；官小者，贩鬻乞丐，无所不为。"（《王安石文集》·卷第三十九·《上仁宗皇帝言事书》）

书生士人也不乏放下书本投身商海者。有川蜀学子前往京城赶考的路途中因"多引商货押船，致留滞关津"（《宋史》·卷一百五十六），而耽误了考试日期。或索性投笔从商，"捐弃笔砚，为商贾之事"（《夷坚志》·支丁卷第四）。

僧侣、尼姑和道士不能真正免俗者不在少数。开封相国寺形成了以僧姑为经营主体的商品品类丰富的小市场，"两廊，皆诸寺师姑卖绣作、领抹、花朵、珠翠、头面、生色销金花样幞头、帽子、特髻冠子、绦线之类"（《东京梦华录》·卷三）。而"广南风俗，市井坐估，多僧人为之，率皆致富"，以致"妇女多嫁于僧"（《鸡肋篇》·卷中）。

此外，广大黎民百姓也是大规模的潜在经商群体。经济相对落后的陕西泾阳地区，明代时"民逐末于外者八九"（《西安府志》·卷第二十），更不必说物产丰富、经济基础优越的东部地区了。有学者指出，农村人口增长速率超过耕地面积扩大速率，推动人口向不事农耕的城市集中，也迫使他们从农业中脱身走向手工业、商业等部门，而宋代农耕制度的变化大大提高了粮食产量，粮食剩余率提高，保证了非农业人口的粮食供应。草市、墟市的勃兴为农民提供了交易场所和稳定的需求渠道，农副产品循着草市—镇市—区域经济中心的三级市场流入城市。

明清时期，由于商业资本长时间的延续和发展，形成了以晋商和徽商为代表的商人团体（描述跨越明清两朝的徽商鲍氏家族的《鲍氏祖容像》见图3-6）。他们以血缘、地缘、业缘为纽带，相互帮扶，形成了许多行业间的捆绑和行业内的垄断，如控制盐业、粮业、柴业、铜业、票号等利润丰厚的行当，积累了巨额财富。山西曹氏、乔氏等坐拥几十万两甚至上百万两白银（《清稗类钞》·《工商类》）。拥有巨额商业资本的富商巨贾在很大程度上操纵着全国的商业贸易。

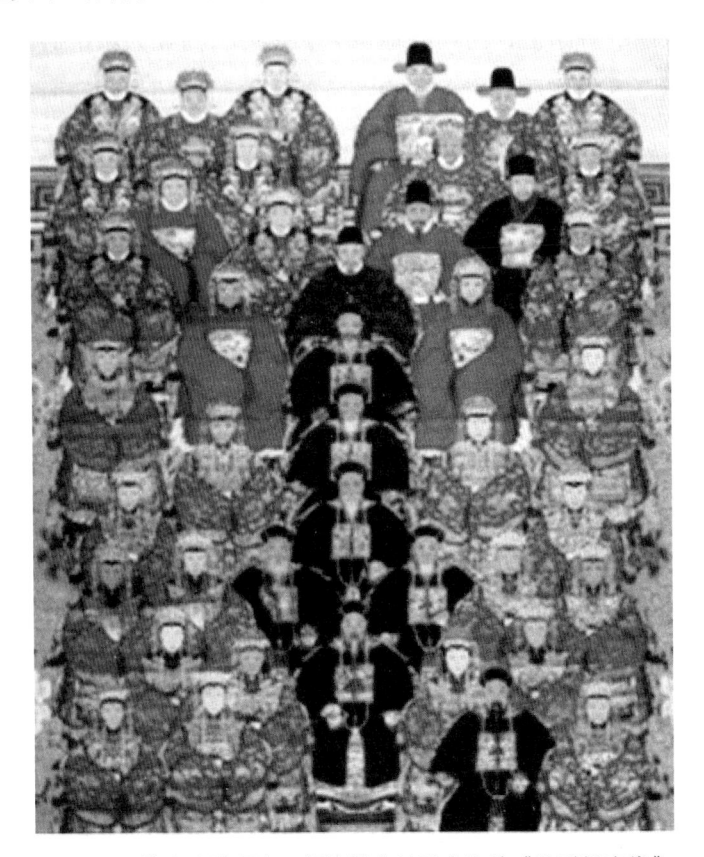

图3-6 描述跨越明清两朝的徽商鲍氏家族的《鲍氏祖容像》

（二）商业推动信用体系演进

1. 商业对传统社会的冲击

我们将传统社会描绘成以小农经济为基础的、村落格局的、社会流动性极低的熟人社会。而随着商品经济的蓬勃发展、市民阶层的形成与壮大以及商人流动性的增强，传统社会的基础和观念在一定程度上受到了冲击。如果说传统社会像一枚沉在水中的钢锭，纹丝不动，那么商业的作用就是往其中鼓进了许许多多的空气泡，社会因之而浮起了一点，随波浪涌动而有了沉浮。

在人们的观念上，商业的地位大大提升。商业为城市居民提供了用于生活享受的物质资料，成为经济的重要组成部分，经商成为人们发家致富的通途，这使得上自统治者下至百姓改变了对商业和商人的看法。南宋地方有抛弃"本末"之论而等视之的观点："士勤于学业，则可以取爵禄。农勤于田亩，则可以聚稼穑。工勤于技巧，则可以易衣食。商勤于贸易，则可以积财货。此四者，皆百姓之本业，自生民以来，未有能易之者也。"（《琴堂谕俗编》·卷上）张居正则主张农商之间是相辅相成的关系，"使商通有无，农力本穑。商不得通有无以利农，则农病；农不得力本穑以资商，则商病。"（《明张文忠公全集》·文集八·《赠水部周汉浦榷竣还朝序》）这说明商业地位的提升已得到了统治阶级的认可。

人们的义利观发生了改变。传统熟人社会以儒家道德观为行为准则，重义轻利是基本信条，具体到交往行为中讲究的是施报平衡。在熟人社会中，人情往来从来不是为了构成一锤子买卖，而是希望连续性地循环下去，今日的亏欠是为了得到之后的补偿，"算清楚"是缺乏人情味乃至绝交的体现。到了宋代，即使朱熹说治国还是应该"以仁义为先，而不以功利为急"（《黄氏日抄》·卷三十五），但在浓厚的商业氛围中，人们的交往范围也大大突破了村落中的熟人圈子，与广泛不知名姓的市民建立了联系，施报平衡强调的相互性和长久性荡然无存，取而代之的是逐次交易中的成本收益相匹配，逐利便是无可厚非、合情合理的了。宋代李觏反思儒家的义利观，诘问道"焉有仁义而不利者乎？"（《李觏集》），也无怪乎出现"妇女多嫁于僧"的现象了。

社会流动性增强了。小农经济中人口流动性弱主要是因为以家庭为基本单位的经济体通过劳动生产生活资料，可以实现自给自足。而市民必须依赖商品交易满足生活所需，需要接触到粮商、布商、薪炭商等等诸多商人，是社会的分工满足了市民们的需求，他们本就是与广泛的他人相联系而存在的。另外，商人也分为长途转运商人和以商铺或商摊为固定交易地点的商人，前者主要贩卖盐、茶等特定地方产出的商品，长途贩运获得的高额利润激发了更多人投身其中，商人的流动性大大增强。长途转运过程中有太多的不确定性，因此同宗、同乡、同业者的互帮互助是一个商人稳定经营业务的重要支持，商帮、行会等营运而生，商人在流动中扩大了"自己人－外人"同心圆的半径，与同业者的联系得到加强，其边界的开放性也大为提高。

但也应该认识到，小农经济仍然是封建经济的底色，传统社会的根基依旧深厚，商业加入的影响是明显的，却不具备解构力量。我国古代有两种不同性质的商品经济，一种是为居民消费服务的商品经济，另一种是与封建经济相对立起着解构自然经济作用的商品经济。总体而言，前者取得了大规模、多层次的发展，而后者进展缓慢，所以即使商业在我国历史悠久，在宋代之后城市繁荣发展，中国也没有内生地发展出资本主义，城市经济没有根本的性质变化。

2. 商业信用的进展

商业的发展促进了民间信用体系的丰富与完善，主要表现为商业信用与金融信用的发展，而政府信用体系并未因之产生结构上的变化。

由于我国古代商业的发展基本是买卖、服务层面横向的规模扩张，深度不足，因此商业信用形态并不丰富，不过是延期付款、预付款、赊买赊卖几种而已。商业信用形式虽简单，但商人从中谋利的空间巨大，在强制力量公力救济能力不足的环境下，重利盘剥在某种程度上可以视为对授信者承担信用风险的经济补偿。

关于赊买赊卖，早在秦代的史料中便有记载，刘邦为亭长时，常常开出债券向王媪、武负赊酒。唐代出现预付款，武则天颁布了法律规定规范赊买交易。到宋代时，史书中对商业信用活动的记载丰富起来，北宋政府有向民间的赊买赊卖、预付款、预收款等活动，交易对象多是政府专营的盐、酒等物品，如蚕盐制下带有强制性的赊卖，官府将盐赊给百姓在先，养蚕缫丝完成后百姓再以丝、绢归还。批发商与零售商之间的赊卖盛行，已经成为一种交易习惯，苏轼写道："商贾贩卖，例无现钱，若用现钱，则无利息，须今年索去年所卖，明年索今年所赊，然后计算得行，彼此通济。"（《苏轼文集》·卷三十四·《论积欠六事并乞检会应诏所论四事一处行下状》）而预付款则用于购买供不应求的商品，如宋神宗时茶商向茶农付定金购买次年茶叶，否则茶农只得借债生产。南宋时，一些商品经济不发达的地方，商人将赊卖与预付款相结合，向农民赊卖盐和茶叶，等到秋收后向农民收取粮食，以此赚取高额利润。

3. 金融信用的进展

从唐代开始，随着较早的一批金融机构问世，民间信用的主导形式从一般的民间借贷逐渐转变为金融机构提供的金融服务，民间信用发生的范围从熟人社会拓展到更广的社会圈子，但直到现代意义的金融机构建立起来之前，都没有突破地缘、血缘、业缘的圈子。

南朝时的"寺院质库"演变为唐代职业商人经营的专注于抵押放款业务的"质库"，质库在中国历史上延续时间长，后来虽几易其名，又称"解典库""典当库""当铺"等等，但其一直以抵押放款为主要业务，也是底层百姓接触最频繁的金融机构。唐代长安还出现了"柜坊"，柜坊起初只是代客存钱，后来也兼营质库业务。

宋代时又产生了"交引铺"、"金银、彩帛铺"和"寄附铺"。交引铺是买卖有价证券的机构。金银、彩帛在当时具有货币的性质，所以金银、彩帛交易也可以被视为一种兑换行为，相应的店铺也具有了一定程度的金融机构性质。寄附铺出现于唐代，最初限于寄售商品，到宋代时拓展到了吸收存款、开发汇票等金融业务。

明代的金融机构主要包括"当铺"、"钱铺"和"银铺"等。当铺是明代最主要的金融机构，除了发放抵押贷款外，还兼营吸收存款、货币兑换等业务。钱铺产生于明代，以货币兑换为业，是钱庄的前身。银铺本业是打造、买卖金银器及首饰，此外还经营金银锭熔铸、金银买卖等业务，与金银、彩帛铺类似，商品的特殊性使其交易具有了货币兑换的性质，后来业务也延伸到包括存贷款等。

清代的金融机构主要包括"钱庄""票号""当铺"等（嘉庆年间的当票见图3-7）。钱庄是清代最主要的金融机构，在全国各地建立起来，到1830年，北京就有多达389家钱庄。除了兑换银钱的基本业务外，此时钱庄也将存放款作为其重要业务内容，发挥着银行的功能。钱庄的经营打下了熟人社会的深深烙印，业务局限在一定的地域范围内，大多采用信用放款的方式，放款对象主要是一定地域内的商人。

图 3-7 嘉庆年间的当票

明朝末年的银钱并用中出现了会票、银票和钱票等信用凭证，汇兑业复兴并在清朝得以大规模发展，票号就在这样的背景下诞生了。晋商雷履泰使用汇票结算以免去长途解运铜钱银两的麻烦，后因汇兑收益丰厚，便办起了大名鼎鼎的日升昌票号。票号在诸多城市设立分号，经营以汇兑为主、存放款为辅的业务。鼎盛时期各票号在全国共有 400 多家分号，个别票号如合盛元甚至将分号开到了日本、朝鲜等国家。

钱庄、票号虽然是古代最具有代表性的金融机构，但其对待信用的方式显然仍是熟人社会的延伸。钱庄发放大额信用贷，票号放款重信不重物，都讲究道德上的诚信，往往是自身极其注重信用，绝不拖欠放款，以此换取客户的信任。放款标准以特殊的私人信任为基础，并不是普遍的、制度化的信任，这种做法之所以得以长期存续，一是因为与主要客户常相往来，对其知根知底，"尽调"充分；二是因为明清长期治平，社会大体仍保持农业社会的绝对稳定，正常商业经营波动不足以伤筋动骨，现金流大体平稳。因此，心理上的"信任"能够使金融机构常年建立与客户强有力的纽带，降低经营成本、获客成本，吸引大量稳定的资金流，但在局势动荡的王朝末年，则大大暴露出风险，大笔的坏账、呆账无法收回，钱庄、票号便迅速萧条衰败下去。传统信用体系在宽面向、大动荡的时代里已经极大地暴露出其风险控制的脆弱无力。

四、近代以后信用体系的变化

近代社会不同于封建时期的王朝更迭，而是一个大变化、大转型的时代。中国在屈辱中迎来了进步的曙光，传统的国家机器、经济制度被破坏，而后进入立新的阶段。在这个过程中，信用体系最显著的变化是钱庄、票号的式微和银行作为核心信用中介的崛起。

（一）近代社会巨变

1840年鸦片战争爆发，标志着中国进入近代社会。先发工业国家凭借坚船利炮轰开了落后农业国的大门，列强一方面要求中国赔款割地直接掠夺中国的财富，国家主权受辱，清廷陷入统治危机；另一方面要求中国打开通商口岸、谋求最惠国地位，在中国市场上倾销其商品，中国沦为半殖民地半封建社会。

在此过程中，西方资本主义与东方古旧的封建经济相碰撞，将先进的生产关系带到了九州大地，也激起了一批又一批仁人志士的救亡图存运动，客观上推进了中国的近代化进程。以曾国藩、李鸿章、张之洞为首的清末重臣主张"师夷长技以制夷"，引进西方近代工业，发起了洋务运动，以"自强"为目的创建了包括安庆内军械所在内的军事企业，以"求富"为目的兴办了以江南制造总局为代表的民用企业，民族资产阶级随之发展起来。以康有为、梁启超为代表的维新派说服光绪帝启动"戊戌变法"运动，推动文化教育改革，兴办新式学堂，强调工商立国，鼓励创办民营企业等，虽然实施百余日后即遭到顽固派的反扑而失败，但其在洋务运动的基础上，更进一步地发挥了思想启蒙的作用。1911年革命党人发动辛亥革命，宣统皇帝退位，中华民国成立，就此宣告在中国延续了两千多年的封建帝制被推翻，大开中国进步潮流之闸门。

中国在这样混乱、迷茫的环境中，曲曲折折地走向了近代化。代表着近代先进力量的民族资产阶级就是在封建守旧势力、帝国主义列强的夹缝中，艰难地摸索出了进步的方向。但一方面，囿于其自身的软弱性，同时没有代表近代中国最广大农民的力量，资产阶级领导的改良运动、革命运动悉数归于失败，辛亥革命的果实也被守旧派窃取；另一方面，在后来的国民政府统治时期，外国资本主义、买办性质的国家资本主义与封建主义在国民经济中占据压倒性优势，民族资本主义经济根基浅薄、备受排挤，没有成长为国民经济的主导力量，这决定了其力量之薄弱。民族资本主义没办法救中国，北洋政府统治时期，军阀混战、社会动荡，列强在中国争权夺利，抗日战争、解放战争时期国民政府屡次滥发货币，导致金融秩序混乱，并出台政策打压民营经济，民族资本主义没有平稳发展的土壤。

在新文化运动浪潮中，马克思主义进入中国，燃起了中国革命之炬火。1921年中国共产党成立后，共产党人带领无产阶级并团结一切可以团结的力量，外抵帝国主义侵略，内剿官僚资本主义反动派，最终夺取了新民主主义革命的胜利，于1949年建立了中华人民共和国，实现了民族独立和人民解放，这是中国人民近代百年的夙愿，到这时中国人民才真正做了国家的主人，中国才就此一步步踏上社会主义现代化建设的正轨。

（二）信用体系近代化

1. 民间信用

近代民间信用的主要特征是银行业的兴起及其逐渐替代钱庄、票号而成为近代中国信用的主体。

"银行"一词最早出现于南唐时期，不过当时是金银铺的别称，与经营存贷汇业务的近代银行无关。英国商人于1845年开办的丽如银行是中国首家银行。在帝国主义列强的银行进入中国之前，在国内开展金融业务的外国机构主要是洋行，洋行以贸易为主业，并开展与之相关的汇兑、放款等业务，但随着通商口岸的打开，中国融入全球市场的程度大大加深，附属于洋行贸易的信用活动不足以满足列强产业资本扩大在华利益的需求，银行纷纷进驻中国。清朝时在国内存续的外商银行至少有15家。它们在近代发挥的主要作用可以归纳为：第一，控制进出口贸易，垄断外汇；第二，控制中国金融体系，通过拆票的方式向钱庄放款，间接打入农村金融市场，并向工矿企业收取高利贷等；第三，向清政府放款，控制国家财政。

外商银行争相涌入后，一面获取高额利润，一面威胁国家主权，自然而然地激发了中国人自办银行的思想。在近代中国最早的资本主义近代化纲领《资政新篇》中，洪仁玕率先提出"兴银行"的主张。但不同于古代金融机构为满足经济发展、商业进步的信用需求而出现，近代设立银行的目的是与外商银行竞争。盛宣怀积极向光绪帝进言，银行是"通商惠工之本"的枢纽性组织，中国应当效仿西方大力发展银行业务，阻断洋人银行对国内银行业的垄断，在其主张下，中国自主兴办的第一家银行——中国通商银行诞生（中国通商银行今昔对比图见图3-8），其中过半资本由私人出资，其余部分由官督商办出资。除最基本的存贷汇业务外，中国通商银行还拥有发行银行券和银两两种货币的特权，张之洞指出其本质为"不官不商，亦官亦商"。到光绪三十四年（1908年），《银行通行则例》颁布，这是我国首部银行法，此后涌现出了一批民办地方银行，如上海信成银行、宁波四明银行、新疆兴殖银行等，它们中许多兼营商业银行和储蓄银行的业务。

图 3-8 中国通商银行今昔对比

北洋政府时期，外商银行的在华势力进一步扩张。这具体体现在：一方面，外商银行继续主导国际汇兑、操纵金银进出口，同时，开始组成银团向政府借款，加强对我国金融、财政的垄断，一战期间，中孚银行、上海商业储蓄银行开办外汇业务，但不足以撼动外商的垄断地位。另一方面，外商银行数量大增、规模扩大、业务地理范围延伸，不包括日本在东北设立的一大批地方性银行，北洋政府时期新设的外商银行和中外合资银行就达到了29家，中外合资银行虽有国内资本参与，但管理权基本掌握在外商手中，是外商借以绕过开放口岸限制深入内地开展业务的工具。

北洋政府时期,华资银行发展迅速,尤以私营银行最为亮眼。清亡时,全国仅有3家私营银行,到1925年便达到了130家,实收资本也从747万元增加到9 308万元,数量和资本额均远超官办银行。中国商业银行在这一阶段的快速发展,一方面得益于列强陷身一战自顾不暇,放松了对中国的侵略,中国民族资本主义获得了喘息之机,对资本的需求剧增,资金缺口亟待金融机构填补,这一时期实力强劲的金融集团"北四行""南三行"多与民族工商业关系密切;另一方面则得益于北洋政府大量发行政府债券,从事政府放款和公债投机业务"利息既高,折扣又大,苟不至破产"①。

2. 政府信用

举债和兴办金融机构是我国近代政府信用活动最主要的两种形式。

内有连年战事,外有条约赔款,从清政府到国民政府都面临着天文数字般的财政赤字,不得不依赖频繁地大规模举债输血。1862年,太平天国颓势已显,清政府向外国银行借款全力支持围剿太平天国,到中日甲午战争时清政府为筹措军费举债借款不下25次。《马关条约》签订后,为筹措对外临时军费和偿还赔款,清政府向外商银行发起了三次大规模借款,总计折合白银约3亿两。此时的政府信用已不仅仅关及国家财政,还与国家主权相绑定,累及人民的利益,轻则指定借款用途,在一定期限内不得再向他国借款,重则以关税和盐税作抵押。

中国通商银行设立后,光绪三十三年(1907年)清政府开始筹备中央银行组建事宜。该中央银行最初称"户部银行","以为财币流

---

① 贾士毅.国债与金融:第1编.北京:商务印书馆,1930:25.

转总汇之所"①，于京师设总行，于天津、上海设两分行。1906年改称"大清银行"（见图3-9）后，国家认购一半股份，其余部分对社会资本开放，但仅允许本国人购买。

图3-9　大清银行

从某种程度上而言，清政府正是亡于失信。宣统三年（1911年）初，清政府宣布"铁路国有"政策，将已放归商办的川汉铁路、粤汉铁路强行收归国有，但拒绝退还农民、商人、士绅等民间资本购买股份的投入，民众在群情激奋下掀起了保路运动的风潮，这就是辛亥革命的前奏。

1913年，袁世凯逼迫国民议会批准善后借款协议，接受由外商银行和少数外国工商企业提供的银团贷款。到1926年时，北洋政府积累的外债总规模已经达到5.2亿美元；国民政府治下的二十余年间，向外国机构借款总额约为16.8亿美元。

晚清政府举借内债的方式主要是令票号先行垫款。但经济凋敝、税源外流使得政府收入不升反降，举债只能是拆东墙补西墙，还款压

---

① 中国人民银行总行参事室金融史料组.中国近代货币史资料：第1辑下册.北京：中华书局，1964:1037.

力与日俱增，偿债信誉一跌再跌，举借外债的渠道也日益狭窄，于是北洋政府转而向华资银行借款、大量发行国内公债和国库券。国民政府严重的财政缺口只得依靠赤字货币化填补，发行的巨额政府债券先由中央银行、中国银行、交通银行三家银行垫款应急。

1912年，中国银行作为中华民国的中央银行在上海成立，建行之初以经理国库为主业，以发行货币为辅业。中国银行长期发挥着北洋政府财政支柱的作用，1918年后，财政放款比例一度达到45%以上。交通银行在清末即由邮传部设立，到北洋政府时期被交通部接手，虽名为商业银行，但与政府关系密切，取得了特别情况下分任代理中国银行金库出纳、代行中国银行金库管理等特殊职权，并充当着为北洋政府的筹款工具。

近代政府举债的主要特征有：在资金来源方面，外国机构是最主要的债权人，但政府经常被迫接受有损主权独立的附加条件；在资金去向方面，政府债务大部分用作填补军费开支、支付不平等条约赔款等，极少量被投入到国内经济恢复与建设中；在举债程序方面，即便国民政府曾颁布相关法律约束政府的举债行为，但收效甚微，政府举债仍然具有相当的随意性，违约无法偿还债务的事件屡见不鲜；在管理机构方面，为便于举债，政府在设立官办金融机构的同时，还通过多种方式控制民间金融机构。

第四章
新中国信用体系演化

一、新中国成立后的国家计划信用体系（1949—1977年）

（一）国家计划信用体系的特征

改革开放前我国实行计划经济体制，与之相对应地形成了国家计划信用体系。但在这一时期，我国既没有相应规范社会信用的法制规章，也没有利于信用体系形成的良好信誉环境，由于社会流动性低，客观信用需求也极度缺乏，几乎不存在任何信用经济行为。因此，在这一时期基本不存在现实意义上的社会信用体系。

新中国成立之初，百废待兴，我国的国民经济基础薄弱，物质又十分匮乏，由于常年战乱，缺乏监管，私人资本囤积居奇，物价飘忽不定，市场秩序混乱，信用环境恶劣，国家同时面临着巨额财政赤字和战争威胁。为了应对这些棘手的问题，在苏联专家的指导下，我国建立了高度集中统一的计划经济体制。在计划经济体制下，国家使用强制性行政手段集中全国经济资源，在一年起始通过精密计算固定一年内各行业各地区所需资源，再通过指令性计划向全社会平均分配各类资源。在国家计划和强有力行政政策的主导下我国快速建立了国民经济体系，恢复生产，稳定民心。在计划经济的大环境下，各行为主体按部就班地严格依照国家指令性计划进行活动，政府信用逐渐取代了企业信用和个人信用，承担着其他一切信用形式应负的职责。然而，正是因为在计划经济体制下，商品交易、资金流通等经济关系并不依赖个体、企业之间的互动信用关系予以维持，缺乏客观的信用需求，所以此时国家计划信用体系仍能够保持良好的社会秩序，这种状况一直延续到1978年改革开放时。

信用建立在三种信任之上：对行为个体的信任是指在家庭和社会文化的影响下形成诚实守信的道德底线；对制度的信任是指政府制定对个体、组织进行信用行为规范、对不守信行为施以惩戒的规章法制；对信誉的信任是指为了未来的长远利益而放弃眼前通过失信行为快速获利机会的自愿行为。而在国家计划信用体系中长期缺失对制度的信任和对信誉的信任，这种缺位是社会体制转型时期社会矛盾不断变化激化、计划经济体制自有的机制问题以及传统信誉道德被否定而新的尊重私人财产和个人自由的信誉道德尚未建立的空白期综合作用的结果。具体来看，国家计划信用体系主要表现在以下三个方面：高度集中统一的信用体系、经济信用主体之间的无序错位以及信用需求的极度缺失。

1. 制度信用缺位："大一统"计划经济体制下高度集中统一的银行信用体系

新中国成立后，我国政府并未过多关注信用问题，信用制度建设长期处于空缺状态。为了与高度统一的计划经济体制相适应，最需要信用制度的资本市场自上而下建立了以中国人民银行为核心和主导的高度集中统一的银行业管理体系，银行信用成为唯一的信用形式。新中国成立后，一些解放区的地方银行被整合为中国人民银行的分支行，官僚资本被政府没收，经过重组变为中国人民银行的分行和办事处，一些私营银行也通过和平赎买等方式被改造为国有银行并收编至中国人民银行。中国人民银行建立了从中央到地方的总、区、分、支四级垂直管理体制，成为全国统一的国家银行。虽然新中国成立初期我国通过政府接管、改组改造、批准设立等方式建立了一些国有专业银行，但很快这些银行又相继被撤销，让位于中国人民银行。中国人民银行不仅是负责货币发行、金融业务监管和"第二财政"的国家机关，还是直接从事国家存款、贷款、外汇等金融业务的经营机构。中国人民银行实行的"统存统贷"制度将全国存贷款业务和资金结算业务全部集中于一身，实现了国家资金的统一吸收、动员、分配和管理。中国人民银行和财政部几乎负责全国所有的资金流通活动，中国人民银行负责短期的、有偿的以及超定额的资金流通管理，而财政部则相应负责长期的、无偿的以及定额的资金流通管理。与此同时，金融市场被取消，保险公司、典当行等其他金融机构相继被取消或合并，纳入中国人民银行体系。信贷、结算、出纳等全部金融业务都由中国人民银行负责，中国人民银行成为整个金融市场和信用经济的核心和中心。

我国还将资本市场的全部信用集中于中国人民银行，商业信贷等其他一切信贷形式均被银行信用替代，国家强调所有信贷集中在中国人民银行。在计划经济体制下一切都按照计划运转，包括企业每年能够得到多少信贷资金均有一定的额度规定，相当于企业信贷资金实行高度集中的中国人民银行一家垄断的"供给制"。银行全权负责向国营企业提供贷款、1956年之前向部分个体经济和私营经济提供贷款以及向农村贫困农民提供贷款，因为所有的资源包括信贷资金都要在国家计划下统一规划运用，所以这种贷款只能是计划之外超定额的，具有季节性和临时性，不能为正常的经营性项目提供额外的流动资金信贷。唯一性地强调银行信用的信用制度显然是单一的、匮乏的，但在"一穷二白"、百废待兴的新中国成立初期以这种信用制度为基础建立了基本配套的金融体系，为经济发展做出了一定贡献。

2.信誉信用缺位：各经济信用主体间无序和错位

各种信用形式在经济运转中本应各司其职，共同促进信用经济发展繁荣。政府信用具有唯一性和强制性，用国家机器和国家权力为信用背书，主要通过法律法规制定、政策落实执行、政府权力机关运作以及作为"大家长"承担社会责任等方面表现出来。个人信用是其他各种信用的构成基础，不管是企业信用还是政府信用都是由具有一定权利和承担相应义务的个人构成的。企业信用是信用体系中最重要的主体信用，任何以整体形象出现在社会上的单位都有企业信用，这些单位既可以是合伙企业、股份制公司等企业，也可以是公社大队、村组织等其他单位。在计划经济体制下，政府信用"一家独大"，导致企业信用与个人信用不能履行其在信用经济行为中该有的职责，实质上成为政府信用意志的影射与反映，各经济信用主体间存在职责混杂无序和功能错位等问题。私营企业的"灭绝"导致企业信用下降并逐步被政府信用取代，同时政企不分导致存在权力租金，在一些国营企业内部，企业信用被用来为个人利益服务，另外，个人私有财产也遭到破坏，一些失去对美好生活向往的人追求短期利益急速变现，个人信用仅靠传统的"诚信"观念维持。

首先，在计划经济体制下私营经济近乎"灭绝"，企业生存预期变短，不确定性增加，降低了企业为了客户黏性、企业声誉等长期利益自愿牺牲当前利益的可能性，降低了企业信用。在计划经济建设初期，私营经济被视为公有制建设的障碍，政府在原材料、资金来源、销售渠道方面施加管制，私营企业的生存空间受到挤压。1954年颁布的《中华人民共和国宪法》提出要把资本主义工商业转变为各种不同形式的国家资本主义经济，逐渐实现全民所有制。在计划经济体制下政府权力过大，私营企业产权无法得到保障，必将导致企业信用行为的扭曲。企业需要在国家强制性计划和政府经济政策的约束下行动，即使交易双方正式签署了商品交易合同或资金借款合同，也可能随时因计划和政策的变化而被迫改变合同报价，甚至使合同无效。设想一家开在20世纪50年代的制造厂，在政府各方的管制下，明确预知三五年内或将关闭或将被收归国有，此时企业大概率会出现偷工减料、坑蒙拐骗、拖欠款项等追求短期利益而不顾企业信用的行为。

其次，计划经济体制下政企不分，一些政府拥有巨额权力租金，扮演着利益分配中心的角色，一些企业信用被用来为个人牟取私利，成为垄断与腐败滋生的温床。1950年初，政府共将约3 000家官僚资本主义工业企业收归国有，并在此基础上建立了国有工业，这部分工业资金约占全国工业资金的80%，政府掌握着国民经济大动脉。政企不分，政府直接参与企业微观经营活动，国营企业实质上成为政府的分支机构。企业信用完全被政府信用取代，而政府信用体现出强制性和唯一性，这就导致了行业垄断以及一些企业经营人员腐败。在计划经济体制下，企业经营人员只需要"搞好公家政治，混口公家饭吃"，无须考虑企业长远发展利益和企业信誉问题，同时由于个人信用的缺失以及企业经营者和职工的权利义务缺乏制度性规定和内部约束，腐败滋生，企业信用在公有制的"保护"下成为个人的牟利工具，不守信誉的谋私者却不必为他们的失信行为付出代价。

最后，计划经济体制对个人私有财产也有一定程度的破坏，个人对未来生活的预期降低，个人信用仅依靠残存的传统"诚信"观念维持。1958年，全国各地开始了以"一大二公"为特点的人民公社化运动，回收农民自留地、家禽家畜，个人的私有财产一时间全部成为公社共同财产，同时对人民生活实行集体统一化管理，大家集体出工，统一行动，在公共食堂吃大锅饭。而"文化大革命"时期批斗、揭发以及"破四旧"等错误做法，使得中国传统的信用文化体系和儒家传统思想道德体系受到严重冲击。"文化大革命"对私人财产、私人生活的干扰和破坏使得人们对未来生活的不确定性更加担忧，预期变短，而信用常常建立在人们对未来生活的预期之上。在这一时期，传统的信用道德被畸形的集体主义利益思想所代替，传统个人信用在一次次"左"倾运动中被消解摧毁。

在这一时期，传统的官尊民卑的道德伦理排序尚未被完全打破和摒弃，政府通过强制性指令计划与政策手段，使得政府信用凌驾于企业信用和个人信用之上，覆盖几乎全部信用职能范围，国家、集体和个人之间没有平等的合同关系，其他信用形式难以正常发展，与其他信用形式相对应的信用产品也因有效需求被掩盖和扼杀而无法得到发展。

3. 信用需求缺失

改革开放前，国债发行停滞不前，企业不能通过发行股票从资本市场融资，市场上的商品交易和资金流通都不是通过信用关系维持的，所有经济单位和所有经济行为都要按照国家计划有序进行，信贷需求极度缺乏。粮票是计划经济时代的典型产物（见图4-1），也是该时期信用需求缺失的典型体现。1953年11月，为了解决粮食供给短缺、供求矛盾尖锐的问题，我国颁布命令对粮食的收购和供应进行统筹计划，其中明确规定城市人员通过组织关系进行粮食供应，一般市民通过凭证或户口本购粮。随后1955年《市镇居民粮食定量供应暂行办法》完善了粮食计划供应政策，规定了"四证三票"七种供应凭证。同年10月1日粮票正式发行。不仅粮食，食用油、肉蛋奶、白糖、肥皂等其他生活必备品也要靠米票、面票、油票、皂券等供应凭证兑换。相应物品必须使用相应的票证才能购买，并且粮票禁止买卖。非城镇居民需按照参加集体劳动的"工分"分得粮食，在口粮不够的情况下一些农户会拿自家的鸡蛋、蔬菜等和城镇居民换粮票，但不能使用钱直接购买粮票。在计划经济体制下，人们的生活被国家统一而精细地规划着，粮票、布票等票证固定了城镇居民的吃穿住行，非城镇居民以工分为限分得相应的生活物资，没有必要也没有动力进行商品交易和资金流通，信用需求极度缺乏。

图 4-1 计划经济时期的粮票

（二）近代中国信用体系和国家计划信用体系的区别与联系

与近代中国信用体系类似，国家计划信用体系依然建立在场域性限制的基础上，一方面传统的安土重迁的旧思想未被打破，另一方面新中国成立初期至改革开放前实行严格的户籍管理制度，各地方按照统一计划发展经济，社会流动性依然不强。交际行为和各种经济联系依然局限在"熟人社会"中，各行为主体的行为受到场域性活动的支配，通过在特定区域内"坏事传千里"的人与人之间特殊的信用监督机制形成信誉系统。各行为主体之间的信用是横向的、直接的,通过对一个人历史行为的知根知底以及同一个场域内熟人之间口口相传的"流言蜚语",在每个人心中形成所在场域内所有行为主体的信誉评分,成为这一时期信用体系的重要组成部分。

  与之前不同的是,在这一时期萌生了大量组织,如"一五"计划下在城镇形成的各种国营企业和工厂,新中国基层群众自治制度的坐标原点"居民委员会",以及农村的人民公社和生产队等,介绍信开始登上历史舞台,组织化信用在仅有的一点社会流动性中发挥着重要的作用。直至1985年第一批居民身份证诞生之前,介绍信作为唯一能证明自己身份的文书,起着间接证明个人信誉的作用,个人信用通过开出介绍信的组织的信誉体现出来,创造出专属于这个时代的组织化信用。计划经济时期采用固定的户籍管理方式,人口不能随便流动,购买火车票和汽车票、在旅馆住宿甚至是用地方粮票换取全国粮票都依赖单位开具介绍信,不然当事人就会被当作"盲流"抓起来遣送回户籍地。例如,改革开放前出差者若要去北京出差并住宿,首先要去所在组织开具介绍信(见图4-2),出了北京火车站就需要去"北京旅店介绍处"招牌处排起长队核验介绍信,之后才能拿到写着所住宿旅店名字的单子,再拿着介绍信和单子去旅店住宿。在没有身份证更没有征信大数据系统的时期,各类组织开具的介绍信就是一个人信誉的简单证明,个人信用和组织信誉挂钩,在组织内部人人信誉共享。当行为主体的活动从地方性场景中短暂分离出来而进入脱域环境中时,他人无法凭借个体的行为历史、第三方对个体的评价来评估他的信誉水平,介绍信则成为组织为个人信誉的背书,不同等级组织开出的介绍信对个人信誉的背书程度不同,形成初级的信用等级,在国家计划信用体系时期发挥着重要的作用。

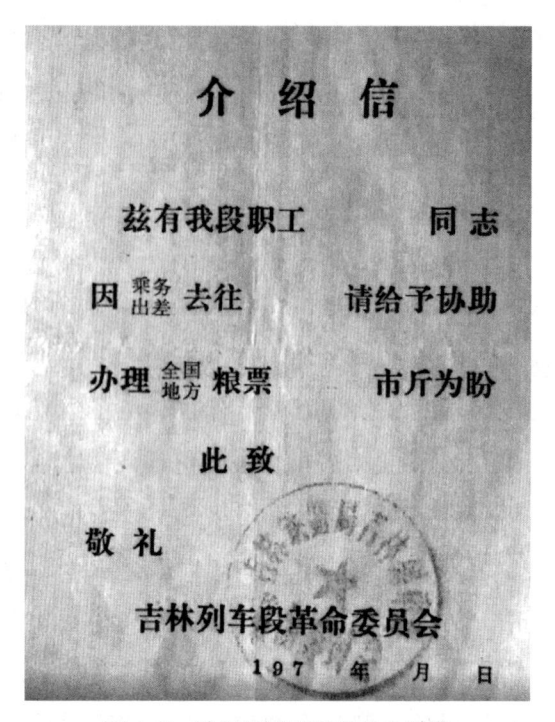

图 4-2 计划经济时期出差介绍信

虽然在计划经济时期信用制度建设的制度基础不健全,各信用经济行为主体混乱无序、不能各司其职,信贷需求也严重不足,企业与个人之间的经济活动效率较低,但国家计划管理的约束力非常强,国家的经济秩序和社会秩序相对较好。以国家指令性计划为主导、以政府信用为社会经济活动提供最终保障的国家计划信用体系,符合新中国成立初期的基本国情,适合于当时的经济体制,对完善体制机制,稳定社会秩序起到了积极作用。然而,计划经济体制必将因其僵化和低效而被淘汰,相应的国家计划信用体系也必然会随着经济体制的改革而改变。

二、改革开放后社会信用体系建设的起步阶段（1978—2011年）

（一）社会信用体系建设的必要性

1978年党的十一届三中全会召开，改革开放之风吹满神州大地，我国拉开了经济体制改革的序幕。在农村地区，"包产到户，自负盈亏"极大提高了农民的生产积极性，粮食产量大幅提高，基本吃饭问题解决了，还产生了一大批由社队企业演变而来的乡镇企业。生产力的大幅提高还将困于土地的农民解放出来，农闲时大批量的农民进城打工谋生，社会流动性随城乡居民流动日渐频繁而逐渐增加。在城镇地区，国有企业改革全面展开，市场经济参与主体多元化，社会主义市场经济体制逐渐建立，同时对外贸易也大幅增长。在这一时期，个人信用和企业信用从政府信用中逐渐剥离，信用需求随着信用经济的发展显著增强。显然，国家计划信用体系已经不再适用，这些变化从客观上推动旧的信用体制变化与变革，促使新的信用体系尽快建立与发展。

企业信用从政府信用中剥离，国家计划信用体系不再能够支撑起多元化快速发展的市场信用经济活动，新的信用体系和制度亟待建设与制定。改革开放以来我国逐渐意识到商品经济规律的客观存在性及其对经济发展的重要性，开始重视市场在资源分配中的调节作用。1992年党的十四大提出要进一步深化国企改革，实行政企分开，明晰产权，形成一套科学的管理方式，明确权利及其对应的责任。企业信用被从政府信用中剥离出来，亟待建立新的信用体系制度对其进行规范和约束。针对改革开放后我国实行什么样的经济体制，1993年全国人大在《中华人民共和国宪法》中明确补充我国实行社会主义市场经济。针对改革开放前被全力扼制的非公有制经济的存在和地位，1997年党的十五大报告明确非公有制经济是我国社会主义市场经济的重要组成部分。一时间投资主体变得多元化、社会化和分散化，财富由国家资本完全收纳转变为藏富于民。仅依靠国家计划信用已无法为企业融资、居民消费等市场微观参与主体的行为提供充足的信用信息，国家计划信用不能支撑市场经济下复杂的经济交易和信用活动。同时，随着我国对外开放程度的提高，对外贸易也迅速增长，国外资金进入国内资本市场，尤其是2001年我国加入世贸组织以来对外贸易显著增长，对于这种外向型经济，国家计划信用体系显然已经无法满足需求。

不仅企业信用需求增强，个人信用需求也在社会流动性加大中不断增强，单纯依靠熟人社会的监管以及传统义利观念已经无法维持社会有序运转，信用体系亟须变革与发展。改革后农民的生产积极性被激发，生产力大幅提高，传统小农经济下与土地生生世世捆绑在一起的农民被解放出来，大批青年人涌入城镇打零工，建立在场域性限制基础上的那一套个人信用机制被打破。"现代社会是隐姓埋名的社会"，在由一群相互为陌生人的个体组成、缺少制度规范的社会里，即使某个行为主体做出了失信行为，也会因为缺乏规章制度而不受惩罚，甚至会因为缺少完善的信息流通共享机制而不被人知晓。打开门说失信行为人人深恶痛绝，但实际关起门来失信行为并不鲜见，社会秩序仅依靠国家计划信用体系已经无法维持。同时，在"文化大革命"后，传统义利观念和信用道德本就破败不堪，而新的社会信用意识和信用观念在社会体制转型时期又没有及时建立，再加上随着对外开放程度的加深，外来文化的传入使得一些人逐渐抛去了道德约束，导致一些人在监管空白期不择手段牟取暴利。这些从客观上催生了信用体系变革与发展的内在要求。

（二）改革开放后社会信用体系建设历程

1978—2011 年，我国社会信用体系建设正式起步。这一时期我国的社会信用体系从真正意义上不算是社会信用体系的国家计划信用体系发展到全方位、多方面、宽领域的社会信用体系，信用行为参与主体从单一到多元，社会信用从资本市场单线发展延伸到各行业多线发展。虽然社会信用体系的建设过程曲折艰难，且仍然存在一些生搬硬套西方信用体系的建设套路所导致的"水土不服"，但这一时期搭建起了社会信用体系的基本制度框架，基本上明晰了发展方向，为之后新时代社会信用体系全面加速发展奠定了一定的基础。

改革开放后至中国特色社会主义进入新时代以前，我国的社会信用体系建设可以大致分为三个阶段，分别是1978—1989 年的自由发展阶段、1990—2006 年的规范化发展阶段以及 2007—2011 年的延伸发展阶段。

1. 自由发展阶段（1978—1989 年）

从 1978 年至 1989 年，在市场信用需求增加的推动下，社会信用体系自下而上自发地发展起来，尤其是金融市场领域的商业信用发展迅速，但是这一阶段由于缺少制度约束和政府政策规范，机构发展杂乱无序，失信行为猖獗，市场乱象横生，甚至社会信用建设一度陷入停滞状态。

宽松的市场化信用交易环境导致失信问题普遍出现，社会信用体系自发发展。1978 年改革开放后，尤其在 1981 年国债恢复发行以及 1984 年第一只股票"小飞乐"（见图 4-3）公开发行之后，我国的资本市场开始萌芽，商品交易所需要的商业信用和商业银行信贷所需要的银行信用出现，私营企业、中外合营企业、个体工商户等非公有制经济主体在市场上崭露头角，不同所有制经济体之间的交易越来越频繁。对外开放脚步加快使得一些外商投资进入中国市场，我国的市场经济开始加速发展。与此同时，市场上也因为缺少信用制度的约束、缺少信用评级机构等信用记录共享平台，失信行为越来越普遍和严重，信用风险问题显现。而信用关系从某种意义上来说是市场经济发展的"必需品"，信用经济是市场经济中最高效的方式。企业之间高频的信用交易行为和越来越大的交易规模，再加上失信行为和信用风险问题，激发出一股推动信用发展的强大动力，社会信用体系在民间自下而上自发地发展起来。

图 4-3　新中国第一只股票——"小飞乐"

　　我国为解决企业失信问题、规范市场秩序，建设社会信用体系的最早尝试是"重合同守信用"活动。1982 年国务院提出在企业交易往来中应重视经济法，重视合同，避免出现随意签约、随意毁约等失信行为。1984 年，辽宁省抚顺市工商局按照此通知率先开展"重合同守信用"活动。随后全国各地纷纷效仿，成为政府解决失信问题的最早尝试。

　　企业债券的规范化发展及对外贸易需求催生了我国首批信用收集

和评级机构。随着商品经济在我国的复苏，企业开始扩大生产，但常面临自有资金供给不足以覆盖越来越大的现金流需求的局面，融资问题亟待解决，于是市场上出现了企业自发向社会或内部集资等类似债权融资的活动。1987年《企业债券管理暂行条例》对企业债券的发行、转让、管理方面做出明确规定，企业债权融资开始规范化发展。同时，在对外经济贸易中对信用征信机构的需求尤为强烈。改革开放之前我国垄断外贸经营权，只有国家指定的13家国营外贸专业公司有外贸经营权，而后外贸经营权逐渐下放，国家鼓励企业积极开展进出口业务。但由于我国缺乏相应的信用信息采集与共享机构，在国际市场上中国公司的基本信息和资信情况无法为外界所得知，缺乏国际竞争力，业务开展受到阻碍。于是，在企业债券和对外经济发展需求的推动下，中国人民银行先后在全国多个省份组建20多家信用评级机构。1987年对外经贸部和美国邓白氏集团合作，为其提供成套的企业信用信息，培养出了我国第一批征信技术专业人员。同年，北京中贸远大商务咨询有限公司成立，从事企业征信研究与服务，并在当年就出具了中国第一份企业资信报告。1988年，远东资信成立，这是我国第一家独立于央行评级系统之外的信用评级机构。还有北京环亚市场研究社等一系列从事市场调研、商债催收、企业征信和信用评级的本土机构开始在市场上出现，一些跨国公司为了了解中方合作伙伴或交易对象的征信情况、降低投资风险和信用风险，也授意国外的征信机构介入。这些由政府机构主导成立、社会自发成立以及国外介入的机构，构成了中国征信行业机构的弱小雏形。

但这些机构存在两个问题。一方面，由于当时企业债券发行规模都较小，对各类企业的资信评级也缺少科学专业的信用评级体系，评级和咨询等业务很不规范，随意性和任意性大；另一方面，大部分征信机构是以中国人民银行子公司的名义成立的，归属于中国人民银行系统，或是对外经贸部等政府机关的全资子公司，这些机构容易受到股权背景影响，把行政权力直接转化为征信机构收入，从而无法真正起到规范市场信用秩序的作用。

自发形成的征信市场发展极其混乱，在缺少法律基础，缺少监管规范的环境下，市场上失信乱象横生。针对复杂的市场环境和混乱的经济秩序，党的十三届三中全会提出对其进行治理和整顿。1988年我国实行紧缩性的财政政策和货币政策，各地金融市场受到政策影响，均有不同程度地萎缩。1989年，央行下发通知撤销以往设立的证券公司和信誉评级公司，各地的征信机构开始停业整顿，业务统一归属信誉评级委员会办理，市场自发形成的弱小征信行业滑入低谷。

这一时期的社会信用体系是狭义发展的，仅局限于资本市场，甚至可以说仅局限于资本市场企业信用。在国家计划信用体系时期，个人信用和商业信用等其他一切信用形式被取消，信用制度只在银行业的信贷行为中存在。改革开放后信用形式才开始丰富起来，随着金融市场的重新建立而发展起来：企业尝试向消费者赊销高级消费品，上下游企业之间的货款经常相互拖欠，预收预付、赊销赊购、分期付款、补偿贸易等行为在各企业的交易之间普遍存在，商业银行信用贷款也开始出现。但是这些信用形式都拘泥于金融市场领域，甚至仅限于服务企业的资本市场，个人征信和其他行业的信用以及全社会的诚信理念还处于空白期。在一个社会普遍缺乏信用意识的状态下，仅任由市场自发建设信用体系显然力度是不够的，只有以政府政策强制力为主导制定相关法律法规，同时辅以市场配合发展，才能使得社会信用体系规范化高效发展。

2. 规范化发展阶段（1990—2006年）

1990—2006年是规范化发展阶段，以"三角债"为节点，政府开始关注社会信用问题，健全和完善信用经济法治体系，以自由发展阶段建立的资信机构为基础建设信用机构体系，从仅关注企业扩展到关注个人征信发展，由中央带头、地方跟进建立起信用信息披露系统，我国建立社会信用体系的意识开始觉醒。

（1）清理"三角债"为开始的节点。

1990年国务院正式下发通知清理三角债，信用问题第一次出现在国务院文件中，这标志着我国社会信用体系规范化发展的开端。三角债是指由上下游企业之间相互拖欠货款和贷款，环环相扣形成的连锁债务关系。相互拖欠货款或贷款原本是企业之间商业信用发展的良好体现，但是由于缺乏相关法规制度的约束，企业之间相互拖欠债务的规模越来越大，拖欠时间越来越长，极容易因一环出现债务违约而引发整个债务链条崩溃。截至1990年初，全国企业间相互拖欠的"三角债"超过1 200亿元。1991年国务院生产办带领各级地方政府组织开展清理"三角债"，针对国有企业产能低下、拖欠债务问题采取了一系列措施（"三角债"及其解决方法示意图见图4-4）。但是，由于当时的法制体制建设尚不完善，没有统一的财务会计制度，缺乏相应的法律规章制度来规范市场主体，社会信用建设的深层问题——建设信用法律制度、树立全社会的信用意识没有从根本上得到解决，清理"三角债"工作并没有进行彻底。1994年三角债规模增长到7 000亿元，1998年竟高达11 000亿元，90%的企业仍然饱受"三角债"的困扰。虽然如此，清理"三角债"活动依然具有重要意义，一方面代表着国家开始重视市场失信乱象，关注社会信用问题，并努力寻找信用体系建设的出路，另一方面国家在清理"三角债"的具体工作中发现了信用缺失痛点和信用体系建设工作的重点难点，为之后的信用体系建设提供了基本思路和大致方向。

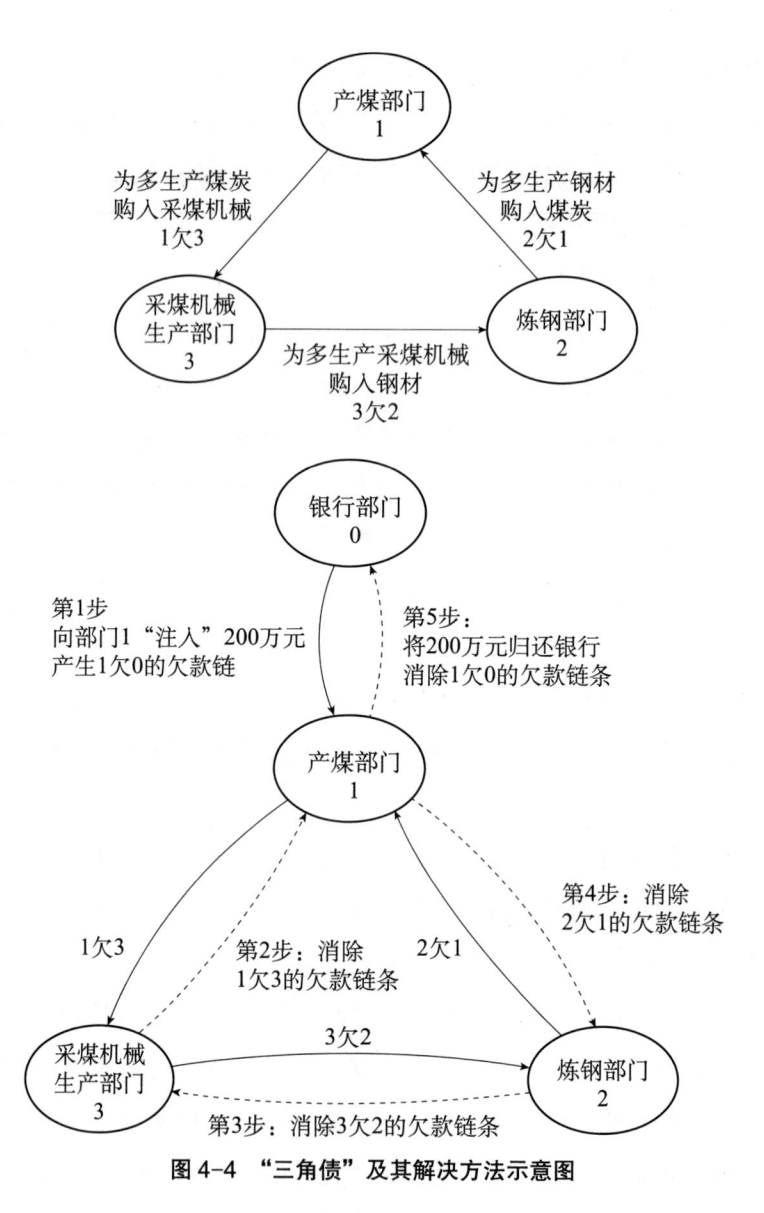

图 4-4 "三角债"及其解决方法示意图

（2）健全完善信用经济法律体系。

根据从清理"三角债"活动中得到的经验，政府开始关注资本市场信用建设中法律法规制度的建立健全问题。1993年《企业财务通则》和《企业会计准则》出台，企业有了统一规范的财务会计准则。1993—

1999年,《中华人民共和国公司法》《中华人民共和国仲裁法》《中华人民共和国商业银行法》《中华人民共和国担保法》《中华人民共和国证券法》以及《中华人民共和国合同法》等一系列基本法律法规陆续出台以规范资本市场参与主体的行为,信用信息的披露与失信行为的惩戒变得有法可依,国家在法律制度层面上规范了市场经济的竞争秩序。随后2006年和2007年,我国又陆续颁布了《中华人民共和国破产法》和《中华人民共和国物权法》,市场经济体制法律体系日渐完善。

(3)建设以社会中介为主体的信用机构体系。

在自由发展阶段,我国已经成立了一些资信机构,如远东资信,但在1989年的机构整顿后资信机构发展陷入停滞阶段。之后随着政府政策指导下资本市场的规范化发展进度加快,信誉评级委员会以及社会专业信用机构、中外合作机构等一批资信机构相继成立,并最终在政府监管和市场选择下建立起信用机构体系。

信誉评级委员会经历过短暂的发展并最终在市场化和社会化中逐渐退出历史舞台。1989年央行下发通知将原本央行附属评级公司的业务全部交由信誉评级委员会办理,暂时垄断了信用评级市场。1990年,央行发布通知明确将组建信誉评级委员会,为银行内部信用评级提供服务。很显然,随着市场化程度的加深,仅限于银行内部的评级资信系统是不够的,而且银行出于风险管理目的建立的内部评级体系与市场化第三方信用信息服务咨询评级平台是完全不同的。于是在市场化的压力下,1995年后各地信誉评级委员会纷纷改制为市场化信用评级机构。但是由于当时债券发行规模依然较小,信用信息服务供大于求,改制后的评级机构生存空间狭小,大半都转向财务会计、资产评估、企业咨询、财务顾问等其他业务服务,逐渐退出历史舞台。

随着我国证券市场发展越来越规范、资本市场发展日益迅速,尤其是受贷款证管理模式下评级需求的刺激,一大批不依托银行体系内部征信而存在的信用评级机构诞生，并逐渐成为市场评级机构的主体。1991年中国人民银行向全国推行企业贷款证制度，并于1995年再次推行。贷款证制度即想要申请银行贷款的企业必须办理贷款证，某些地区又强制地将申领贷款证与企业信用评级挂钩，如上海市1997年发布贷款证暂行管理办法，明确上海市申领贷款证的企业必须进行企业资信等级评估。在20世纪90年代末融资渠道有限，银行贷款是企业最常用的融资手段，贷款证为银行贷款的必需品，信用评级是申领贷款证的必需品，因而贷款证制度有力推动了企业信用信息征集和信用评级机构的发展。在一系列政策刺激下，1992—1997年大公国际、上海新世纪、中诚信评估等专业评估机构相继成立。一些中外合资评级机构也出现在市场上，如中诚信国际等，地方性评级机构也纷纷组建，全国信用评级机构数量快速增加。

与信用评级一同发展起来的还有一大批专业担保、信用调查、商业催债等信用中介机构。1999年，我国开始尝试建立中小企业信用担保体系，在全国多地开展试点工作，一批地方民企开始成立服务于中小型企业的信用担保机构，有效填补了中小型企业信用信息收集的空白。

机构数量大爆发虽然是征信行业蓬勃发展的体现，但同时也提高了政府对市场监管的要求。为了规范征信市场的发展，监管当局对资本市场入市机构做出规定，这也间接形成了评级行业的"第一梯队"——中诚信评估、联合资信、远东资信、大公国际和上海新世纪。1997年中国人民银行认可了包括"第一梯队"在内的9家信用评级机构从事全国范围内的债券资信评估业务。2003年保监会、发改委和证监会相继发文，规定保险公司可以买卖"第一梯队"评级在AA级以上的企业债券，仅"第一梯队"可以对企业债券和证券公司债券评级。剩余的评级机构由于没有拿到"监管绿卡"，便尝试通过建立研讨会、联席会等方式探讨组建全国性征信行业协会的可能性，在一定程度上也促进了中国信用体系建设。

之后社会信用中介在监管范围内规范化蓬勃发展。2002年16家信用中介机构签署了《信用公约》，该公约是我国第一份征信行业自发签订的同业公约。2003年中国人民银行征信管理局设立，主要负责管理信贷征信业，将社会上的征信中介机构纳入监管范围。2004年中国资信评估专家峰会成功举办。此外还有《中华资信》《鹏元资信》等评级机构出版的各种刊物，征信行业蓬勃发展。2006年中国人民银行发布了我国第一个信用评级行业标准，扼杀以往随意性、任意性信用评级的可能性。2004年国家开发银行将地区风险评级工作交由中诚信国际来完成，这是中国银行业第一次将系统内的信用工作交由社会中介完成，这也意味着在这一时期社会信用中介在征信行业发展中已占据上风，我国形成了以社会中介为主体的信用机构体系。

（4）进行信用信息系统建设。

随着越来越多的自然人也参与到市场经济活动中，个人征信开始得到重视，我国的征信行业从仅服务于企业逐渐扩展到服务于企业与个人。同时，在中国人民银行的领导下，通过信用归集统一与互通共享，2006年我国建立起全国集中统一的企业与个人征信系统，这是规范化发展阶段的重要成果之一。

上海市作为试点率先开展个人征信业务并建立个人信用联合征信数据库，拉开了中国个人信用体系建设的序幕。1999年我国首先在上海开展个人征信试点工作，同年我国第一家地方性个人征信公司——上海资信有限公司成立，负责上海市个人征信试点业务。2000年上海市政府出台了相应的个人征信试点办法，随后又建成上海市个人信用联合征信数据库，个人征信业务在上海开始规范化发展。此后个人征信业务从上海试点逐渐向全国其他地区发展，资本市场信用从仅关注企业信用扩大到企业与个人征信发展并驾齐驱。

该时期在中央尤其是中国人民银行的领导下，我国开始建立信用信息披露系统。1997年我国开始建设银行信贷登记咨询系统，主要对企业申领贷款卡的信用信息进行汇总整理，开启了信用信息披露系统建设时代。2002年，我国成立了建设企业和个人信用系统的工作小组，在工作小组的带领下，各地开始尝试开展信用信息系统建设工作：2002年，北京市出台关于信用信息管理的试行办法，明确对行政机关信用信息归集、企业信用信息公布的规定；同年，沈阳市也出台个人和企业信用体系建设的明确实施方案，开始进行企业和个人信用信息的采集与整理。2002年底银行信贷登记咨询系统实现了全国联网运行，形成了总行－省级单位－地级市单位三级信用数据库，个人和企业信用的征集与查询可在该系统内实现。2005年，央行颁布暂行办法，对个人信用信息数据库的管理做出详细规定，通过规范数据库管理以保障信用信息的安全和合法使用。

2006年底，银行信贷登记咨询系统升级为企业信用信息基础数据库并实现全国联网运行，个人信用信息数据库也实现全国联网运行，这是我国征信体系发展的重要里程碑，也是这一阶段信用体系建设的重大成果。这一系统不仅包括企业和个人在银行信贷等金融领域的负债信息，而且包括欠缴税费、拖欠薪资、欠缴社保和住房公积金费用、欠缴电话费等日常生活领域的负债信息，还包括行政处罚和民事刑事案件判决等重大或有事项。企业信用信息基础数据库与组织机构代码管理中心联网，个人信用信息数据库与公安部人口数据库联网，保证信用档案的有效和统一。截至2006年该系统共收录了1 600多万家企业和6.5亿自然人的信用信息，当年企业和个人信用报告查询使用量就高达70万次以上，为商业银行借贷、企业资本市场融资甚至是司法行政执法部门提供信用信息共享平台。虽然截至2006年底，该数据系统的数据并不是完全完整可靠的，仍有众多企业和个人信息未被收录，但这一系统为日后大数据与社会信用体系建设的创新相结合打下了基础。

（5）社会信用体系建设意识增强。

在这一时期，我国政府逐渐意识到社会信用体系对于规范市场秩序的重要性，建立社会信用体系的意识越来越强。在"十五"规划和党的十六大报告中，我国提出了要建设良好的社会信用体系，以规范市场信用行为，整顿信用经济市场的混乱秩序。虽然此时信用建设的意识已有所增强，但规划未明确建设信用体系的具体措施，只是从规划上指明了社会信用体系建设的大致方向。直到2003年，党的十六届三中全会解决了如何具体建立健全社会信用体系的问题，明确社会信用体系的道德建设、产权建设、法律体系建设是建设的关键所在和首要建设任务，为这一阶段社会信用体系从哪些方面建设、具体如何建设提出了较为完整的要义阐释和具体落实方式。2005年的"十一五"规划较"十五"规划关于建设社会信用体系的观点有了更加深刻、更加具体的进展，明确了社会信用体系的建设步骤——要以完善信贷、纳税、合同履约、产品质量的信用记录为重点，将社会信用体系建设的信用信息记录来源细化，同时要加强失信惩戒制度，让信用经济参与主体不敢轻易失信。

总之，与自由发展阶段不同，在1990—2006年这一阶段，政府部门成为推动征信行业发展和信用信息体系建设的主要力量，社会征信体系建设逐步演化为政府的法定职能。这一阶段社会化信用中介机构得到充分发展，企业和个人信用体系发展愈发成熟，信用信息基础数据库开始正式上线运行。在政府的带领下，建设社会信用体系要规范市场秩序成为社会共识，社会征信开始向规范化、系统化方向发展，规范化成为该时期的最主要特征。

3.延伸发展阶段（2007—2011年）

在此阶段社会征信机构有所发展，信用信息系统也逐渐覆盖更多的企业与个人，政府部门以及各行各业越来越认识到了社会信用体系建设的必要性。在这一时期，社会信用体系发展有两大特征：第一，社会信用体系呈现出在原有基础上的全行业、全地域体系化发展；第二，社会信用体系建设不仅仅局限于经济交易领域，逐渐拓展到社会诚信体系建设领域。

第一，社会信用体系呈现出在规范化发展阶段形成的基础上的全行业、全地域体系化发展。2007年全国金融工作会议提出社会信用体系建设要在全行业、全地域、全社会范围内全面推进，以信贷征信体系为建设重点，体系建设向其他行业其他方面衍射。在全国金融工作会议的指导下，同年国务院发布具体措施，在信用信息共享平台建设方面，提出在规范化发展阶段建立起的企业和个人全国联网信用信息系统的基础上（全国联网的国家企业信用信息公示系统见图4-5），按照组织机构代码对企业信用信息系统进行分类归集，按照居民身份证号码等实名制信息对个人信用信息进行统一收集管理和共享；在惩戒失信行为方面，提出建立失信行为联合惩戒机制，对信用市场参与主体的失信行为制定惩罚标准，使失信者在参与市场经济的过程中持续失信而盈利的企图"落空"。为了统筹协调各地域和部门，2007年我国建立了社会信用体系建设部际联席会议制度，从信用体系建设的政策措施制定到政策落实，以及整个过程中的督导检查，都由该部际联席会议制度负责。

图4-5 全国联网的国家企业信用信息公示系统

第二，社会信用体系建设由规范化发展阶段的资本市场领域向社会生活的各个领域拓展，信用的定义不仅仅局限于经济层面，道德层面的诚信建设开始得到重视。道德层面的诚信作为一种文化软约束力作用于全社会，脱离了经济交易体系的道德层面的社会信用体系开始建设。党的十七届六中全会明确了诚信建设的地位，提出政府主体的政务诚信、企业之间的商务诚信、社会各参与主体之间的诚信以及法院、检察院的司法公信建设都要抓紧，让诚信观念深入社会生活的方方面面。在信用信息公示系统方面，要进一步覆盖更多的企业和个人，增强该系统在实际运用中的实用性。在失信行为规范方面，要加大惩戒力度，通过失信行为的惩戒起到警醒与规范作用。信用不再局限于用来维护市场经济秩序，而是演变为一种社会整体意识和一种价值观念，是规范社会秩序的一种文化软约束。在这一时期，我国社会信用体系已经不再等同于银行信贷制度和资本市场融资制度，"诚信"已经从规范市场秩序的工具延伸发展为一种价值观和文化软约束力，信用建设开始由依法惩戒以防范失信行为向进行思想教育以弘扬诚信观念延伸，从单纯的经济交易体系延伸发展到社会诚信信用体系，这也是延伸发展阶段社会信用体系建设的重要成果之一。

（三）发展与问题

改革开放后的社会信用体系与国家计划信用体系相比在很多方面有巨大进展：颁布了一系列法律条文、政策法规，健全和完善了社会信用体系建设的法律基础；一大批社会信用中介成立，并在政府监管下规范化发展；企业和个人信用信息系统建立起来，信用信息记录和共享有了平台；传统的义利观念逐渐演变为新的"诚信"价值观。最为重要的是，传统的"熟人社会"和计划经济体制下那一套传统的信用机制被打破，我国建立健全并完善了明晰的产权制度，市场经济发展一改计划经济时期政府权力过大的弊端，信息传输机制不再受到场域性限制，社会信用体系基本框架建立起来。

虽然该阶段的社会信用体系建设取得了不错的成绩，但是仍有两大问题：第一，西方信用体系建设的那一套方法未结合我国国情而被照搬入我国，造成"水土不服"；第二，我国经济飞速发展，如果按照目前的社会信用体系建设速度，则信用体系建设将持续落后于经济建设，不能很好地服务于信用经济的发展。

在改革开放后，由于缺少社会信用体系建设经验和贴合国情的研究，我国的社会信用体系建设主要是套用西方的那一套方法。21世纪初为了加快社会信用体系建设进度，明晰之后的建设路径和具体方法，我国派遣众多研究学者和政府官员到西方发达国家进行学习考察，在对西方信用体系进行大量学习和调研考察之后，再将信用体系建设经验和先进建设理念引入我国的信用体系建设中。虽然在不明确社会信用体系是什么、如何建设社会信用体系、最终建设目标是什么的基础上，学习西方已经建设成熟的体系和理念是最快的方式，但是西方社会的信用环境与我国的国情完全不同，比如西方已经拥有发达的市场体系，而我国正处在社会主义市场经济发展的初期阶段，再如西方社会面临的主要问题是信用交易风险问题而非诚信缺失，而我国由于法制不健全、道德文化建设滞后等原因社会尚未形成讲诚信的风气，失信行为仍然较为泛滥。所以当参与考察的人员将西方的信用体系建设过程"生搬硬套"到中国时，会出现社会信用体系建设的"水土不服"。

同时，西方发达国家的信用制度已经发展了100多年，在历史的考验中社会信用体系逐渐与经济发展和社会发展相适应，最终融合为统一的整体而共同发展。而我国真正意义上的社会信用体系是在改革开放后出现的，最多仅有几十年的摸索与实践。随着改革开放脚步的进一步加快，我国经济飞速增长，社会发展日新月异，1986年GDP仅为1万亿元，到2000年GDP就突破10万亿元，2020年又突破百万亿元大关。我国的社会信用体系如果按照西方发达国家那样进行百年磨合，必然导致社会信用体系建设滞后，仅仅照搬西方发达国家经验和制度进行社会信用体系建设已经不能支撑我国经济和社会的持续高速发展。

三、新时代社会信用体系建设的加速阶段（2012年至今）

2012年党的十八大后，尤其是2014年《社会信用体系建设规划纲要（2014—2020年）》（图解见图4-6）颁布以来，我国的社会信用体系进入加速建设阶段，各项工作稳步推进、成果显著，上一阶段的

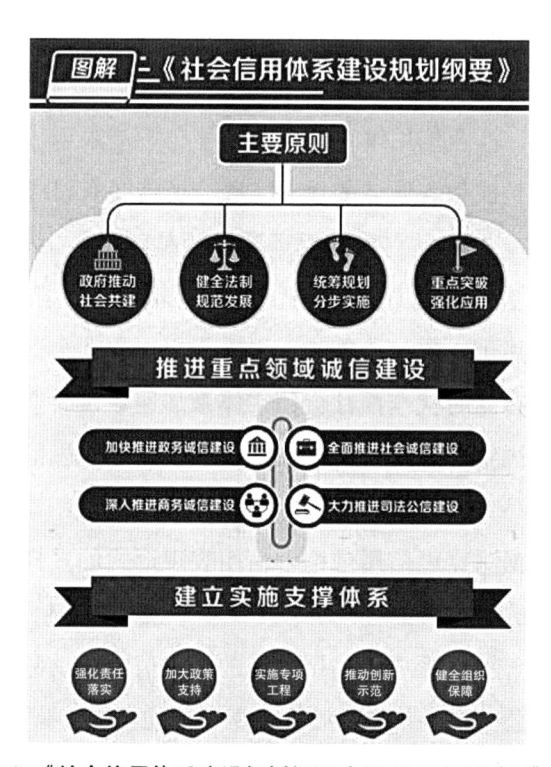

图4-6 《社会信用体系建设规划纲要（2014—2020年）》图解

两大问题——照搬照抄西方信用体系建设而造成的"水土不服"以及社会信用体系建设速度跟不上经济社会发展需要，在加速建设阶段也得以成功解决。我国的社会信用体系能够加速建设并相较于欧美国家的征信体系建设历程实现弯道超车，其动力主要来源于三个方面：马克思信用理论的中国化、新时代中国特色社会主义文化的发展以及大数据时代的到来。

在新时代，我国以中国化的马克思信用理论为信用建设的基本理论指导，以新时代中国特色社会主义文化为诚信社会体系发展的基石，辅以大数据信用信息传播共享机制，加速建立起与我国经济发展速度和社会发展水平相协调的社会信用体系。

（一）马克思信用理论的中国化

在新时代，社会信用体系建设范畴早已不局限于传统的资本市场经济领域，而是成为各领域的重要实践，更需要有科学的、与时俱进的信用理论来支撑。马克思信用理论虽然是建立在19世纪的生产状况下的理论研究，但由于其理清了信用逻辑链条，抓住了问题的本质，故我们依然可以深挖该理论并引以为用，为社会信用制度建设提供理论指导。在新时代全面社会信用体系加速建设时期，我国结合当今时代的基本国情和经济社会发展现状，推动马克思信用理论发展创新，在中国化马克思信用理论的指导下加速了社会信用体系建设。

首先，根据马克思信用理论中信用表现形式的多样性，我国重视不同信用主体的数据采集与共享，进一步扩大了社会信用体系的广度。在新时代市场经济体系中，信用主体的一切信用活动数据都应被采集和保护。对于公开市场信息的收集，尽可能地集中，跨部门、跨领域、跨时空，形成"大而全"的数据库。对于涉及国家安全、行业机密、企业未公开信息、个人隐私等数据，明确其微观权属并严格保护，严厉打击该类数据的泄露和窃取行为。2014—2015年国家企业信用信息公示系统和信用中国网站相继上线运行，对于市场参与主体的公开信用信息查询以及诚信核查可以在线上完成，包括企业的注册登记信息、行政许可、年度报告、行政处罚等公开信息以及红黑名单信息等，甚至2020年9月企业高管学位论文作假行为也被作为信用信息纳入在内，采集归集更多的信用信息，进一步扩大了社会信用体系的广度。

其次，根据信用作用的双重性，我国强化对市场主体信用的精确度量，防止出现信用服务缺失或信用泛滥。信用既可以推动经济向前飞速发展，也可以助长经济危机泡沫，关键在于能否精确度量市场进行正常经济活动条件下所需的信用总量。一方面，如果给予过高信用，则会导致信用泛滥、债务过高、消费过度和盲目承诺等现象，地方政府隐性债务就是信用泛滥的典型体现。2014年之前，一些地方政府急于求成，渴求政绩增长而进行违规融资、承诺和担保，创造出大量隐性负债，带来了财政金融风险。为了防范政府或有负债巨大给金融系统带来风险隐患，2014年国务院下发专门的管理文件，对于政府已有的或有债务加强监管，在政府债务来源上，减少地方国有融资平台间接为政府融资的功能，将政府和企业债务明确分开，防止通过融资平台公司新增地方政府债务。自2014年国务院关注并及时纠正地方政府由于急于求成而债务隐患巨大的问题后，政府随意许诺、担保而增加政府债务规模和金融风险的现象有所改善。但"上有政策，下有对策"，一些地方政府又通过地方国有融资平台发债融资、政府产业基金投资、建设PPP项目以及政府购买服务等方式增加隐性债务，直观上是城投公司的负债、基金投资或政府与其他公司之间的甲乙方关系，然而实质上仍为政府兜底，被称为"地方政府隐性债务"。2017年各大部委开始关注地方政府隐性债务问题，相继发文严禁地方政府通过隐形途径大举借债，对以往违法违规举债的地方政府问责。2018年国务院发文规范地方政府隐性债务问题，在上一年各大部委调查关注到的地方政府隐性债务问题的基础上，制定了更加详细的问责办法，要求各地制定相关方案在5~10年内化解隐性债务问题。目前，在国务院领导和各级地方政府积极响应的大环境下，政府信用泛滥现象有所收敛。另一方面，如果信用服务不足，则容易产生机会约束和信贷约束，从而阻碍经济市场发展，造成损耗和浪费，典型的例子是我国近些年对中小企业融资难问题的解决。对于中小企业而言，传统的征信体系能够采集的信用信息维度单薄，在申请银行信用贷款时通常因为信用信息过少，无法证明企业信用资质而面临高昂的利息费用，甚至无法从银行获得信用贷款。为了缓解这一现象，我国采取了一系列措施，例如，2019年国务院下发文件指导中小企业发展，其中明确提出了中小企业融资难、融资贵问题的解决措施。同时，随着我国信用信息采集范围扩大和数据量增加，各类信用信息数据生成、采集强化了对各类经济主体的信用低成本精确度量，在一定程度上也缓解了中小企业信用服务不足的现象。

  此外，根据马克思信用理论中的信用资本概念，我国重视信用资本积累，使信用治理成为现代化国家治理的重要手段。当帮助信用主体在市场经济中不实际付出而做成买卖时，信用成为一种信用资本。马克思将借贷资本视为信用资本，即凭信用可以得到更多市场融资的主体拥有更多的信用资本。信用资本随履约行为增加而增加，随失信行为增加而减少。对守信者提供多样化的激励措施，对失信者进行联合惩戒。在信用资本所带来的机会和收益的引导下，激励信用主体在市场上遵守合同、诚信经营，在道德伦理层面形成"讲诚信"的社会氛围和价值理念。这种以信用为手段引导社会主体的行为的治理方法进一步完善了社会信用体系建设。

（二）新时代中国特色社会主义文化的发展

新时代中国特色社会主义文化建设包含了带动诚信文化的发展，加速新时代全面社会信用体系建设。加速发展的推动作用主要表现在两个方面：

第一，诚信概念通过社会主义核心价值观引导社会形成诚实守信的氛围，作为公民层面的社会主义核心价值观之一也加强了全社会市场参与主体的信用意识。党的十八大以来我国坚持倡导社会主义核心价值观对新时代社会建设的重要性，在公民层面社会主义核心价值观相应地指导着公民的日常生活（多种形式的社会主义核心价值观宣传方式见图4-7）。诚信受到政府和全社会的重视，也在无形中增强了全社会信用市场参与主体的诚信意识，为其信用行为树立了道德规范参考。坚持培育和践行社会主义核心价值观能够进一步推动诚实守信社会风气的形成，将诚信价值观体现在诚信城市、诚信村镇、诚信单位、诚信家庭、诚信校园创建等各个方面。

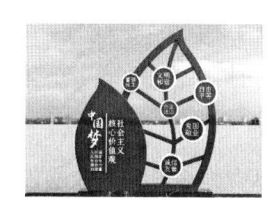

图4-7　多种形式的社会主义核心价值观宣传方式

第二，诚实守信是中华民族的优良传统美德，属于中华民族传统文化中的精华部分，在经过与时代的洗涤融合、创造创新、转化弘扬后，已经变成优秀传统文化中着重继承与发展的部分之一。中华民族5 000多年的历史造就了中华民族丰厚的文化历史和文化底蕴，商鞅变法、曾子杀彘，从古至今"人无信不立"的朴素诚实守信观念一直指导着中华民族的行为处事。新时代我国社会信用体系的建设不是完全打破原有诚信文化而建立新的信用体系，而是对传统诚信文化中的精华部分进行吸收融合、创新转化并进一步将其用于现代社会信用体系建设中。

（三）大数据时代的到来

随着互联网、区块链等新技术在我国的快速发展和广泛应用，我国迈入了新现代文明时期——大数据时代。大数据技术简单来说就是通过对海量、来源分散、格式多样化的信息进行采集、分析和处理，使用科学计算方法将过去的经验数据规律化并将其应用到实践当中，从而辅助主体做出更合理的决策。大数据时代的信用信息在数据量、数据形式、数据来源、模型量化等多方面都有了很大改变：信用信息采集不再限制于金融市场领域，而是采集消费、教育、医疗、税收等多维度数据，极大地丰富了数据来源和范围；大数据技术数据处理能力强大提高了运算效率和信用量化精准度；大数据征信更加注重热数据与实时互动数据分析，提高了信用评价的及时性和真实性。

1. 大数据信息技术与社会信用体系建设相互促进、融合发展

首先，在大数据时代信用的内涵、传播机制和信任机制发生了变化，基于信用信息数据的信用体系产生了相应的变革需求。在改革开放后的社会信用体系建设时期，信用的内涵被从经济交易和社会诚信价值观两个角度诠释，而在大数据时代，信用的内涵向更多维度扩展。大数据对信用体系最为明显的变革要求是信用传播机制的变化。改革开放后，信用传播机制由传统的熟人关系变为许可证、准入牌照、法律法规、品牌等凭证和依据，而在大数据时代信用信息、各类数据通过互联网程序化成为新的信用传播机制。在大数据时代，信任机制从对信用经济参与主体的信任演变为对互联网的信任，比如我们在淘宝上购买商品不仅是出于对商家品牌、企业信誉的信任，更多地

是出于对互联网平台的稳定性、客观性、信息完全的信任。

其次，大数据的发展从技术层面帮助社会信用体系建设方式革新，从而加速了建设进程。在大数据技术时代智能终端从"多用户"向"全用户"扩展，数据作为新的生产要素呈现爆发式增长和海量聚集，市场活动高度透明，信息不对称程度大大降低，提升了信用信息的收集共享平台的建设效率。大数据时代的社会信用体系在各领域的边界变得模糊，实现了在大数据基础设施上全社会信用体系建设与发展的融合贯通。经济交易领域信用和社会诚信的信用界限逐渐模糊，非经济金融领域数据可以被纳入信用评价范围，信用经济交易信息也可以与个人诚信价值观产生联动，政府监管与市场自治在以数据为基础的信用信息监管法治下趋于统一，金融服务主体范围扩大，普惠金融成为可能。

此外，社会信用体系建设在一定程度上促进了大数据时代进一步的发展与进步。随着大数据征信的发展，市场参与主体的信用水平可以被准确量化，中小企业融资难、融资贵的问题获得了新的解决思路。传统的贸易流通也随之进行数字化改造，电子商务和现代供应链发展起来，分享经济成为热门话题。芝麻信用、京东白条等互联网企业建立的个人信用评分机制也使得消费信贷成为可能并迅速发展，消费者的即时购买能力提高，推动数字消费迅速发展。

2.我国大数据社会信用体系的发展

大数据得以加速推动我国社会信用体系建设主要得益于三方面的因素：宽松和鼓励的政策环境、"互联网+"技术的革新推广和互联网中介的蓬勃发展。从政策环境角度来看，政府对新兴数字产业的创新发展始终采取宽松、鼓励的政策。2015年国务院对互联网的规范化健康发展出台了意见，提出一方面要推动互联网和其他产业形态创新的结合以促进互联网快速发展，另一方面要提前预估评判和防范互联网快速发展可能产生的监管漏洞和安全风险，保证互联网产业形态规范化健康发展。同年,国务院对大数据的发展做出规划并发布行动纲要,明晰大数据发展和应用总目标,明确未来大数据技术产业发展的三大任务。从技术革新角度看,近年来我国大数据、互联网等新兴数字产业飞速发展,已经形成以大数据运算为基础的"互联网+"全面覆盖。截至2021年6月末,我国互联网用户规模超过10亿人,超过70%的家庭和个人已经完成了互联网的普及,短视频直播、网络购物、外卖、在线教育和医疗等数字技术深入人们生活的方方面面。

普惠金融的发展也是中国大数据征信得以蓬勃发展的重要契机,普惠金融的发展历程也是我国大数据征信的发展史。在传统的征信体系中,金融机构出于规避信用风险的目的大多服务于大型企业以及高收入个体,金融服务的主体覆盖率仅不到30%。为了扩大金融服务主体范围,为中小企业和非高收入个体提供更好的金融服务,2015年国务院发文支持"互联网+"行动的大力推进,其中就包括"互联网+"普惠金融,发展普惠金融刺激了互联网信用机构和大数据征信业务的发展,进一步推动了我国大数据征信体系的发展。

(四)党的二十大对社会信用体系高质量发展的新要求

社会信用体系是社会主义市场经济体制和社会治理体制的重要组成部分,是国家治理体系与治理能力现代化的基础。建立健全社会信用体系,对于形成良好的社会秩序、激发社会活力、推动社会文明进步、提升国家软实力和整体竞争力具有重要意义。党中央高度重视社会信用体系的建设,并对新时期社会信用体系的高质量发展提出了一系列新要求。2022年3月,中共中央办公厅和国务院办公厅印发的《关于推进社会信用体系建设高质量发展促进形成新发展格局的意见》要求:"扎实推进信用理念、信用制度、信用手段与国民经济体系各方面各环节深度融合","为提升国民经济体系整体效能、促进形成新发展格局提供支撑保障。"2022年10月,党的二十大报告强调,"必须完整、准确、全面贯彻新发展理念,坚持社会主义市场经济改革方向"以及"构建高水平社会主义市场经济体制",并明确将社会信用列为市场经济的基础制度,提出"弘扬诚信文化,健全诚信建设长效机制"。构建高水平社会主义市场经济体制必然要求全社会构建高水平的信用体系。加快社会信用体系建设是实现高质量发展、全面建设社会主义现代化国家的重要基础。

1. 社会信用体系需要高质量发展的内在原因

（1）社会经济发展的必然要求。

高质量发展是社会信用体系适应新发展阶段的现实要求,是社会信用体系优化发展的必然趋势,是高效率、高标准推动社会信用体系建设的目标选择。一方面,党的二十大报告指出社会信用是社会主义市场经济的基础制度,是社会主义市场经济体制有效运行的基本保障。只有建立健全并完善市场经济基础制度,才能确保充分发挥市场在资源配置中的决定性作用,更好发挥政府作用。另一方面,我国改革开放40多年来,市场化改革取得了巨大成就,特别是党的十八大以来,不断加强市场经济基础制度建设,健全守信联合激励和失信联合惩戒机制,但与高水平社会主义市场经济体制的要求相比,产权保护制度有待不断完善,市场准入仍存隐性壁垒,公平竞争审查刚性不足,反垄断和反不正当竞争执法司法仍需加强,社会信用信息共享、监管和服务水平有待提高,社会信用体系建设仍需进一步高质量发展以满足我国社会经济发展的需要。

（2）体系自身优化的现实需求。

社会信用体系高质量发展不仅是社会经济发展的需要,更是我国信用市场乱象频发背景下的现实需求。在历经20多年的发展后,中国社会信用体系建设取得了长足的进步,为深化"放管服"改革、优化营商环境、推进国家治理体系和治理能力现代化提供了有力支撑。然而，受到认识不统一、信用立法滞后和场景应用缺乏等因素影响，我国信用市场也出现了种种乱象。比如我国信用市场存在较为普遍的信用概念理解偏差，我国在实践操作中往往会混淆"征信体系"与"信用评价体系"，导致政策重心过多关注数据收集而忽略信用评价输出，评价输出的应用目标场景也不明确。除此之外，我国还存在以下信用问题：滥用信用约束、失信惩戒范围泛化、惩戒机制不规范；信用信息采集目的有偏差，使用过程不规范，未形成联动协同机制；信用修复困难，被执行人权益保护不到位；等等。上述种种乱象不仅不利于我国的信用体系建设，还会给个人合法权益、企业经营发展、政府行政效率、国家金融稳定等诸多领域带来一系列风险，如信用边界模糊、滥用失信惩戒带来的系统性信用风险，信用数据收集、使用不规范带来的道德风险，过度依赖信用约束带来的监管风险，信用法律不健全、立法存在差异带来的欺诈风险等。社会信用体系高质量发展也是市场乱象及其带来的众多风险背后的现实需求。这些问题的存在严重制约了社会信用体系的功能发挥，因此解决这些问题、提升社会信用体系建设质量是社会信用体系优化发展、充分体现功能价值的现实需要。

2.社会信用体系高质量发展格局

社会信用体系的高质量发展主要体现在社会信用体系的组织结构和功能作用两大方面。组织结构的健全完善是社会信用体系本身的高质量；功能作用的有效发挥则是社会信用体系在我国现代化建设过程中价值体现的高质量。只有兼具这两个要素，才能够组成适应时代需求、建构高效秩序、保障我国现代化建设发展的社会信用体系。

要想达成社会信用体系高质量发展格局，就需要在制度体系建设过程中注意规范性、科学性、协同性这三大要点。

①规范性。社会信用体系的高质量发展必须消除信用领域的失范

现象，特别是要改变失信惩戒的不规范做法。《关于推进社会信用体系建设高质量发展促进形成新发展格局的意见》对社会信用体系的法治化提出了明确的指导原则，要求失信行为记录、严重失信主体名单认定、失信惩戒等事关各类主体切身利益的信用管理事项必须依法依规、合法合规。这要求我们加速信用立法，各部门均需依法确定失信行为。要强化相关机构和公职人员的责任意识与树立运用失信惩戒的审慎理念，避免信用主体合法权益遭受侵害。同时，信用管理、信用创新等活动也要做到有法可依，信用奖惩责任人应严格界定、不转移。

②科学性。社会信用体系的种种制度安排都应符合科学精神、合乎经济发展规律。首先，各部门应严格按照党中央、国务院政策文件对重点领域和严重失信行为实施联合惩戒的规定，在缺乏法律规定的情形与场景中，或在对失信联合惩戒行为难以确定的模糊或灰色地带，应预留出失信惩戒的缓冲带，严格防范信用机制的滥用。其次，应做到奖惩有度，奖惩范围与直接行为须有明确联系，奖惩程度与行为轻重程度一致。按照失信行为发生的领域、情节轻重、影响程度等，严格依法分别实施不同类型、不同力度的惩戒措施，确保过惩相当。

③协同性。社会信用体系内部各要素之间、社会信用体系与其他管理体系之间应协调一致，形成社会发展的合力。只有协同，才能达到社会发展的高效。这对完善信息归集公示机制、部门联动、社会共治提出了新的要求。一是要推动国家企业信用信息公示系统全面归集市场主体信用信息并依法公示，与全国信用信息共享平台、国家"互联网+监管"系统等实现信息共享。二是要整合市场监管领域涉企信息，实现登记注册、行政审批、生产许可、监督抽查、产品认证、行政处罚等信息"应归尽归"，及时将企业登记注册信息推送至有关主管部门。三是要健全信息归集标准规范，建立信用记录核查机制，确保信用记录真实、准确。

第五章
中西方信用体系演化比较与演化规律

一、信用体系演化差异

中国与西方信用体系演化特征迥异。在资本主义全球化扩张前,东西方社会信用体系如两根互不相交的平行线独立发展,鸦片战争后,为满足帝国主义经济侵略的需要,西方渐趋成熟稳定的信用体系被引入中国,东西方的信用制度才第一次产生了交汇点,此后中国基本上效仿和跟进西方搭建信用体系,信用机构和信用业态丰富起来,法律法规和监管机构建立起来,信用活动也日益频繁地出现在各主体的经济活动中。

中西方信用体系演化路径差异的原因大体可以归结为社会经济背景和制度供给主体的不同。

(一)演化路径不同

中国长达两千余年的封建帝制提供了超稳定的社会环境,在绝大多数时间里,信用体系是不断进步的,但速度非常缓慢,所有的进步无非是信用主体、信用形式、信用规模的加加减减,并未出现根本性的制度化变革。可以说，中国的信用制度长期以一条平缓的直线线性发展。

直至鸦片战争后旧有秩序在列强的侵略下被破坏，钱庄、票号随之衰落，新的经济因素出现，民族资产阶级诞生并拥有越来越强的话语权，以商业银行的出现为标志，我国信用体系才迈开了近代化的步伐。由于中国近代信用体系的发展是外国信用制度平移的结果，所以呈现陡峭突变的特征，但较为先进的信用制度框架建立在落后的政治经济环境的基础上，其生存必然举步维艰，其功能必然被扭曲。在激荡变革的时代里，社会动荡不安，当局者违背经济规律滥发货币，官僚资本主义挤压民营银行的生存空间，信用体系的发展严重受挫，陡峭的发展曲线剧烈波动。

新中国成立初期，随着计划经济体制建立起来，先前的信用体系被摒弃，代之以与经济体制相适应、以计划指令为特征的信用体系，信贷需求不足，信用制度基础不健全。改革开放后，满足市场需要成为企业的生产经营目标，企业经营自主权扩大、生产规模膨胀，国家大力发展外向型经济，成为"世界工厂"，信用需求激增，在这一时期，我国信用体系才真正步入稳定健康发展的快车道。党的十八大后，新时代社会信用体系建设加速推进。

西方信用制度呈"U"形曲线式发展。与海洋文明下发达的工商业相匹配，古代西方信用活动发展较早。如果将信用体系基本框架建立的标准设定为信用活动出现、法律中出现规范信用活动的条款、诚实守信的道德规范得到权威的认可与弘扬，则西方信用体系的基本框架在古希腊、古罗马时期就建立起来了，早于中国的秦朝。

但在中世纪时期，欧陆社会动荡、战争频仍，宗教势力和封建势力冲突不断，严重制约了信用活动的开展，具体表现为信用规模萎缩、法律传统中断和权威政府缺位，信用制度在混乱中倒退。即使统治格局毫无秩序可言，商业仍然在西欧这片农业传统稀薄的土地上恢复并发展，行会、城市因之崛起，多元化利益群体相颉颃的局面就此奠定。中世纪中后期，欧洲在动荡中实现了社会转型，代表世俗国家权力的君主政府在斗争中渐占上风，从而垄断了外在制度的制定和执行权，同时政府权力受到必要的限制，其信用活动也戴上了法律的枷锁。

到轰轰烈烈的资产阶级革命使资本主义制度在19世纪六七十年代的欧洲普遍建立起来，资产阶级掌握了政治话语权，资本主义发展要求的市场化条件越来越成熟，信用制度蓬勃发展。工业革命带来的社会化大生产是信用制度进一步成熟的重要推手，主要表现在：在信用规模方面，生产活动规模膨胀引致信用需求陡增，规模庞大、应用灵活的银行信用和股份信用占比大幅提升；在信用主体方面，不仅企业成为重要的信用主体，而且公司制度为越来越多的信用机构所采用；在信用制度方面，西方国家不断加强信用制度基础设施保障，还建立起中央银行等机构对信用活动进行监督管理。进入现代社会，西方信用体系臻于成熟，未出现根本性的制度化变革，只有在活动形式、制度安排、政府监管方面的完善与调整。

通过对二者的比较可以发现，近代以前中国信用体系沿革不可不谓四平八稳、一帆风顺，而西方信用体系的发展反而是跌宕起伏、一波三折，但结果却恰恰相反，现代意义的信用体系在西方诞生。究其原因，属于上层建筑一部分的信用体系决定于经济基础，市场化程度才是决定社会信用发展的根本因素。传统中国信用制度的发展之所以长期稳定，在于农业作为封建国家的经济基础根深蒂固，商业无法动摇其地位，手工业领域出现的资本主义萌芽也无法动摇其地位，因而是稳定的，这种稳定是排斥信用体系变革的墨守成规。人们言及"中世纪"必提及其"黑暗"，黑暗是由于宗教力量和世俗权力的缠斗给社会带来了巨大的不稳定因素,但黑暗中孕育着希望的曙光,局势的反复反映了多方力量势均力敌,没有绝对的压倒性力量,在信用制度倒退的阶段,是资产主义蠢蠢欲动的时代,所以当资产阶级掌握国家政权后,为适应更先进的社会生产力,更先进的信用体系应运而生,这是内生实现的变革。

当然,我们应当认识到,不应该以信用体系发展的结果衡量其在各自社会中发挥的有效性。无论中国还是西方,信用体系的发展程度都与经济基础、政治制度、文化环境密不可分,如果信用工具、制度供给满足了社会需要,些许微调足够与社会并不显著的变化相适应,那么制度因缺乏内生动力而没有进一步演化也就不足为奇了。

(二)社会经济背景不同

信用体系是社会制度的一部分,其发展演进既体现又依赖于当时当地的社会背景,社会宏观背景是信用体系形态的底色。

在经济形态方面,大河孕育的农业文明与海洋孕育的商业文明是差异之根源。信用体系的内生发展存在于较为发达的市场当中,市场化条件的差异决定了中西方信用体系发展广度与深度的区别。

中国古代的经济基础是自给自足的小农经济,封建王朝无不以农业为立国之本,农业的生产特征决定了政府必须排斥导致社会稳定以外的因素,重农抑商、限制人口流动的严格户籍制度建立起来,商业发展土壤稀薄。而且,小农经济以家庭为单位,以自给自足为目标,生产力低下,不需要大量的资本投入,也无法产出大量的剩余产品,生产生活对信用的需求低,信用制度的出现缺乏基本驱动力。此外,中国的权力更迭是从一家的皇权转移到另一家的皇权,皇权在中国古代从来都处在权力金字塔的塔尖,这导致了古代极为稳定的社会环境。

西方国家大都经历了从自然经济向市场经济的演变，市场经济源远流长、在中世纪后的几百年中稳定发展，信用体系的跨越式演进无不与贸易活动的发展、市场化程度的提高如影随形。古希腊、古罗马城邦以商业立国，爱琴海畔地形破碎，城邦面积狭小，产出不足以自给自足，因此必须依赖城邦间的商业贸易，市场的出现为信用活动提供了有利条件。但奴隶社会生产规模小，信用活动主要是合作、赊购、赊销等单一形式，信用体系只形成了基本框架，等到中世纪结束文艺复兴运动发展，资本主义出现萌芽并茁壮成长，全球市场的雏形在大航海时代出现，商业贸易的繁荣催生了成规模的信用活动，银行信用、股份信用才蓬勃发展起来。

反观我国，市场经济的发展的确是信用发展的主要驱动力。古代时期，信用体系的发展主要表现为主体的多元化和具体活动的丰富化，宋代商业繁荣催生的商业信用给原本单调的以政府信用和主要是高利贷的民间信用为主的信用体系注入了新鲜血液，偏安一隅的南宋王朝贡献了彼时全球近1/3的生产总值，商业与服务业在其中发挥了举足轻重的作用。但商业的发展是对封建经济的补充，纵使资本主义萌芽出现于明代的江南手工业中，它也没有在明至清前期获得任何经济地位和政治话语权，信用制度现代化的经济基础、市场条件始终是欠缺的。新中国成立后到改革开放前的近三十年内，我国确立起计划经济体制，市场被计划取代，信用体系单一，信用发展也陷入停滞。改革开放后社会主义市场经济体制逐步建立起来，伴随着国内生产力的迅猛提高，与国际接轨的现代信用体系也逐步建立起来。

在思想文化方面，对中国社会影响最深远的儒家思想，与推动西方社会历史进程的基督教，对信用体系发展的作用不同。其实早期二者发挥的作用是类似的，都强调诚实守信，都反对收取利息，但是在后来的发展中产生了差异。

一方面,基督教会不仅将诚实守信列作基本教义之一,同时它还充当着西方社会中重要的信用主体。在中国传统的熟人社会中,宗族组织是内在信用制度最基本的执行者,信任发自"熟悉",不在于明码标价。基督教强调教义的普世意义,而道德在中国的村落格局中很难跨出"自己人-外人"这个圈子,诚实守信固然是一条重要的道德要求,但只在熟人社会中有较高的约束效力,毕竟未形成制度化安排,对外人是缥缈的原则,在古代的一整套内在制度中,有关诚实守信的规范大多是宽泛与边缘化的。

另一方面,古希腊和古罗马时期,法治、平等、公平、契约等意识为普罗大众所接受,为众多先贤所颂扬,既贯穿于法律条文中,也表现在政权的结构设计里。该结构在一定程度上约束了政府的行政权力,遑论启蒙运动对上述观点的重申和强化对资本主义国家制度产生的根本性影响。而古代中国讲皇权至高无上的森严等级,讲经验赋予的"长老统治",这种传统不只贯穿于对等级僭越施行严酷刑罚的法律中,还通过官方对儒家思想的阐释与尊崇予以强化。内在、外在制度相互强化与支撑使得我国的信用制度在相当长的时间内市场化水平不足。

(三)制度供给主体不同

在中国的封建社会,朝廷一直是外在信用制度的垄断者。但政府对信用制度的规定并不具有主动性,悉数为对民间信用制度与规则的承认和规范化。而且,政府同时作为制度的供给者和信用活动主体,如同裁判员兼当运动员,其角色与职能没有清晰的界限,缺乏制度性的监督与约束,导致政府信用意识薄弱,通过向百姓举债搜刮民脂民膏的行为时有发生。

而西方早在古希腊、古罗马时期就出现了为限制政府权力滥用而安排的国家权力架构。中世纪时近代西方信用体系雏形出现，是教会、世俗政府等多方势力博弈的局部最优解，世俗政府一面成为国家外在信用制度的唯一供给者，一面将自己的权力置于制度的牢笼中，接受各方的约束和监督。

第二章的分析业已表明，在西方，政府同时扮演着信用制度供给、监督者和重要的债务主体两种角色，双方固有的矛盾依赖权力结构变迁来解决，区隔不同的角色并分别加以约束是信用体系市场化的关键。中国近代信用体系的演变则提供了反面的例证，西方较为先进成形的信用制度被直接平移到半殖民地半封建社会的中国，其结果是中国虽然出现了现代意义上的现代信用体制，但是其运转大大受限。国家治理权力结构与外在信用制度是基础与建筑的关系，前者未产生根本性变革，后者的市场化便是一纸空文，是不可持续、难以为继的，其结果是政府仍然毫无节制地向百姓、企业、金融机构索取。

国家计划信用体系的建立在某种意义上也是我国长久形成的政府垄断制度供给之传统的延续。放在当时的历史背景下来看，有其必然性、合理性和积极意义，其对经济发展的贡献不应磨灭，但与同时代的西方和新中国成立前的信用制度相比，我们应当承认其消极的一面。计划经济时期对履约问题的漠视导致了信用资源的极大浪费，导致了内在信用制度的逆市场化演变，进而形成了强烈的改革变迁要求。

二、信用体系演化的一般规律

纵观中西方信用体系发展历史，除了上述分析中的阶段性差异以外,在演化进程上呈现出了较为明显的共性。这些共性因素可以抽象出信用体系演化的内在动因,也展现了信用体系内部各要素的变化逻辑,最重要的是可以为我们揭示成熟信用体系的发展方向、为我国建设中国特色信用体系提供经验参考。

(一)信用体系演化的内在动因:利益

1. 利益驱动机制分析

首先从经济利益出发进行探究:无论是单一个体,还是组织、政府,在进行一项经济活动前都会对预期总收益进行计算;是否参与信用活动同样如此。对于将资源进行出借的一方来说,只有能获得回报才会选择参与到信用活动当中;而对于借入资源的一方来说,只有生产、经营、投资等行为获得的利润大于支付给出借方的回报,也即能够获利时,才会产生信用需求。

由于现实生活当中,各个主体所承担的职能不同,在社会中扮演的角色不同,因此目标往往是多元化的,不局限于经济利益,而非经济利益无法通过金钱来衡量。无论是在中国还是在西方,信用目的多样性的特点都长期存在,如中国古代政府会免除百姓欠款用作大灾赈济、西方教会会发放零息贷款,虽然损失了一部分经济利益,但通过类似举措可以树立良好的形象,从而达到维系统治的目的。再比如一些国家选择发行国债,并非一味地追求很高的经济利润,而是为了刺激需求增长,进而达到充分就业的目的。

更高利益的驱动会促使契约形式的完善、信用产品的发展。但无论是经济利益还是非经济利益,能够实现的前提均为契约的严格履行。一旦发生违约,也会严重影响到主体的利益,因此对于信用风险的管理与信用保障制度的完善成为信用体系发展的必经之路。无论是监管机构，还是信用服务机构，核心目标均包含怎样更好地保障投资者的利益。

2. 对利益保障体系的更高要求

信用主体基于种种利益持续创新，一方面带来了信用形式、信用市场的极大丰富，另一方面由于法律制度的相对稳定性，在新事物出现之时未必能够及时调整，因此常常会出现信用保障制度落后于信用活动创新的情况。在创新速度较快时，制度滞后的问题会更加严重，进而导致信用保障制度无法完全约束各类主体的行为，引发更大的危机。因此不仅政府自身会根据信用市场的情况对制度进行不断的调整与改革，而且各类信用主体为了维护自身的利益，往往会主动要求信用体系的更迭；各类大大小小的危机可能会引发金融秩序的动荡，因此这些危机也会倒逼政府进行制度改革。

以西方股份信用的发展为例。作为无债信用，股份信用具有更强的不确定性。在有债信用中，支付给出借方的回报往往是通过契约规定的，通常直接给定一个明确的数值，或者有一个双方都知悉的计算公式；而在无债信用中，这个回报具有很强的不确定性，因此需要更为完备的现代企业制度对主体进行限制。在这一信用形式出现后，虽然各国都推出了公司法来对企业行为进行规范，但并不能完全填补空白。证券市场上的失序信用行为过多，最终引发了 1929 年的大萧条。这迫使政府不断改进相关制度，最终形成了如今相对完善的现代企业制度。除了与公司相关的法律体系以外，与金融监管机构、信用服务机构相关的法律也随之改进，进一步推动了信用体系的整体发展。中国改革开放后也是由于存在大量不适应经济社会发展的情况、暴露了一系列信用问题，才选择放弃计划式的信用制度，通过市场化方式激活各类信用活动。

无论是各主体为了自身利益而进行的创新，还是政府出于集体利益考虑而进行的制度变更，都是信用体系发展成熟的重要原因。而无论是中国还是西方，一旦存在创新行为，原有体系内的均衡就会被破坏。出于个人私利的投机主义行为广泛存在，因此应格外关注信用市场的变化，当出现新的信用主体、新的信用产品、新的信用形式时，不仅要予以支持和鼓励，更要预防更多数人的利益受损，及时完善相关法律法规，规范各类主体的行为，这样才可以有效避免国家与人民的利益受到侵害。

（二）信用体系内部各要素的自然优化

1. 信用体系演进的自发性与次序性

信用体系的演化具有以下几个特点：首先，各要素的产生与发展具有自发性；其次，这种演化具有次序性，各要素之间有着内在的递进关联；最后，信用体系的变迁是在不同地区的历史、社会环境下产生的，发挥主观能动性的前提是尊重这一客观规律。

最原始的信用活动发生在相互熟悉与信任的同一地区或同一组织内部，人们使用习俗充当信用制度。此时信息不完备的问题尚未出现，信用主体、信用活动与信用制度这三个要素出现的时间一致，且无法分割。由于国家与政府拥有天然的强制力，对于制度的执行更具优势，因此内部制度与外部制度开始分化，由诚实守信的道德规范来充当内部保障制度，将国家强制颁布与执行的法律法规作为外部保障制度，政府是信用保障制度的执行主体。回顾中西方信用发展历史，可以发现信用体系中的各要素均是自发出现的，在当今信用活动中颇为活跃的信用服务机构也均发端于民间机构。

信用体系各要素的发展同样有其内在的逻辑规律。各国的信用保障制度均经历了从习惯到习俗、最后形成法律的过程；且每一部延续至今的法律均经历了多次修订，在不同时期强调的内容根据当时的社会经济环境有所改变。对于信用形式而言，从商业信用到银行信用、股份信用的发展规律此前已有说明。至于信用主体，信用专营机构的出现也并非毫无顺序，不同的资金需求规模决定了信用需求的大小，进而使金融机构呈现出先银行、再证券、最后为信托的发展逻辑。信用体系的每一次演化都是社会集体智慧与各利益主体相互博弈的结晶。

一个国家或地区的自然、历史、文化背景等因素会导致各国法律体制的差异。西方的几次思想解放运动都是资本主义法律体系确立的重要契机，也推动了现代信用制度的发展；西方在取得殖民霸权地位后，向全世界其他国家强制输出了信用体系发展模式。而这种强制输出的制度往往是不适合输入国国情的。我国于中华民国时期也曾先后出台许多与信用有关的法律，但基本形同虚设，主要原因就是一味地模仿、照搬西方的模式，未进行本土化改造，与我国的传统文化以及当时的半殖民地半封建社会环境不相适应。未遵循经济发展规律的主观能动性发挥会阻碍经济的发展，我国计划经济时期的信用制度对几千年积累的信用习惯形成了严重冲击，不仅违背了正常的经济发展规律，还形成了许多传统习俗与计划指令之间的矛盾冲突，这也正是计划经济时期的信用制度难以维系的原因之一。

2. 政府的作用：推进还是阻碍

对政府在演化中的作用需要一分为二地来看待：一方面，政府是外在信用制度的提供主体与执行主体，因此对于相关法律的完善起到了不可忽视的推动作用；另一方面，政府也是有限理性的，加之政府本身也是一个重要的信用主体，其行为也有可能包含机会主义倾向，因此政府的一些举措可能在一定时期内阻碍信用体系的发展。

首先分析政府作为制度供给者的影响。由于政府具有强制立法权、执法权，因此可以垄断对于信用制度的主导权。外在信用制度常常会落后于信用活动的创新与发展。第一，政府不一定能准确、全面地分析信用市场的变化，这就导致了制度本身可能存在一定漏洞。第二，以西方多党制的政体为例，政府并不代表一国全体人民的利益；执政党背后的利益集团会希望法律条文更有利于自身获益，因此法律条文通常是各利益集团相互博弈后的动态平衡产物。第三，从政府认识到法律体系需要完善，到正式立法，再到市场上各主体能完全接受，这一流程需要耗费大量时间，导致法律完善也存在一定的滞后性。第四，法律制度的调整也需要与传统习俗相匹配。因此如何及时、有效地进行法律调整也是考验各国政府执政水平的重要因素。

尽管制度供给会受到多种因素的限制，但政府的影响往往是巨大且深远的，同样也需要一分为二地进行考察。中国古代自秦朝以来的集权统治带来了极为稳定的经济发展阶段，使得信用活动有了良好的保障，但集权化的治理模式又难以发展出市场化的信用体系。西方中世纪长期动荡，信用体系一度倒退；随着商业的恢复，信用活动不断发展。18世纪英国政府长期维持《泡沫法案》，就严重阻碍了信用体系的发展；1929年大萧条之后，西方各国对法律进行了迅速调整，自此以后，西方经济很少出现全局性的信用危机。

其次分析政府作为信用主体的影响。在古代，无论是中国还是西方，都缺乏对于政府自身违约的有效约束。这种违约不仅直接损害了交易对手的利益，还会损害自身的权威，进而鼓励其他主体的投机主义思想，导致整个信用市场秩序的动荡。以我国近代北洋政府为例，北洋政府曾多次用主权换取外贷，银行不得不多次向政府借款，但没有能力履行偿还义务，最终导致了全国性的信用危机。反观西方，自近代以来，政府的信用活动通常受到政府部门与民众严格的外在约束；除此之外，中央银行的独立性也能体现出政府为了自我规范而做出的重要努力。

一国的中央政府有能力且必然会偿还债款，这已经是绝大多数人的共识。在许多国家，国债被称为"金边债券"；在许多经济类学科研究中，也会将长期国债利率视为安全的"无风险利率"。地方政府、国有企业的信用活动也十分普遍，同样会对信用体系的发展产生至关重要的影响。在我国计划经济时期，国有企业预算软约束不仅导致了信用活动质量低下，也使得国家信用制度的威信大幅下降。随着全球化进程的发展，一国政府履约的情况会对宏观经济格局产生强烈冲击，甚至引发金融危机。20世纪80年代，拉美国家就曾经由于政府出现债务问题而爆发债务危机。

政府某一信用活动的影响判断起来相对容易，比如政府的违约行为自然会不利于信用体系的发展。但对于政府制定的政策而言，其影响往往需要长期的实践进行检验。一国政府如果想要完善信用法律制度，既要以西方发达市场国家的范例作为参考，又不能忽视本国的传统、文化、政体等因素，探索出一条适应本国经济发展的专属发展路径。

（三）成熟信用体系的发展方向

目前以美国为代表的西方发达市场国家信用体系已经进入相对成熟的阶段。但这种成熟并不意味着再无改进空间，随着经济的发展与科技的进步，未来的信用市场上还会有更多形式与主体的创新。只不过就当今世界而言，西方的现代信用体系及其发展历史足够成为一部教材，供其他国家参考、借鉴。一个国家的信用体系要想成熟，就必然要具备以下两个特征：拥有完善的信用产业与更高效的信用保障制度。

面对日益丰富的信用需求，信用主体也不断规范与成熟。各类信用专营机构各司其职，不断创新，提供更加优质的信用产品；信用监管机构为信用活动秩序提供强有力的保障，以行政的力量规范各类信用主体的行为；信用服务机构向信用专营机构提供外部数据与服务支持，同时也为公众与政府对于产业的监管起到了重要的协助作用。

信用产业的链条并不是封闭的。信用专营机构如银行、证券、信托等本身起到了资金的中介作用，连接着资金的需求方与盈余方；信用服务机构搭建起了其信息来源方个人、广大企业与信用专营机构之间的桥梁；信用监管机构的作用范围也绝不局限于各类信用机构本身，而是覆盖信用产业的全部主体及其行为。在市场经济的背景下，信用社会连接起整个社会，因此也有着更高的要求。比如，监管机构要遵循"三公"原则，保护好投资者的利益，做好信用主体信息公开工作；专营机构要有风险管控能力，遵循审慎经营的基本原则；服务机构不仅要提供真实准确的信息，还需要保障个人信息安全，避免隐私泄露问题等。

西方市场经济发展较早，在五百余年的时间内，产权、契约等基础法律不断完善，也为具体的信用法律提供了支撑，为其确立了基本原则与演化方向。除了立法的依据与程序不断优化，执法能力的提高也强化了外在制度的地位；近代以来，监管机构不断拓展，专业化程度不断提高，有效丰富了执行主体与执行手段。

信用法律的另一发展规律为：对具体信用活动的管制减少，将重心放在了对信用主体行为的约束与监督上。最为主要的表现为：第一，完善了审计制度，包括政府、企业、专营机构在内的所有主体都要受到外部审计的监督；第二，加强对信息披露的要求，信息透明化，便于全社会的监管，也增加了违约成本；第三，强化行业自律，西方国家会计协会的法定地位、职责都经历了数次重大调整，各类机构的执业资格认证趋于完善。成熟的外在信用制度可以遵守并利用市场机制；同时，市场运行效率的提高也离不开外在制度的完善。

第六章
新时代中国特色社会主义信用体系

一、新时代中国特色社会主义信用体系的构成

(一) 唤醒中华民族血脉里的诚信基因成为当务之急

党的十八大以来,以习近平同志为核心的党中央将传承发展中华民族优秀传统文化提到新的战略高度,学习优秀传统文化不仅有利于个人三观的塑造,而且对于完善国家治理体系和提升国家治理能力具有重要意义。中华民族上下五千余年的历史积累了丰富的安邦治国经验,既包含太平盛世社会进步发展的成功哲学,又囊括国势衰微的失败教训。历史上发生的事情在今日仍时有重复,古人总结出的经验之谈也堪当我辈的借鉴。例如,孟子主张"仁政""民贵君轻",认为历代的明君都十分重视为政以德、宽厚以仁,今天中国在中国共产党的带领下实现了人民当家做主。中华优秀传统文化的精神内核与时代精神相结合,可以为社会主义核心价值观提供不竭的精神动力。

诚信自古以来便是人在社会中安身立命的根本,"一言九鼎""一诺千金""君子一言,驷马难追"等成语故事连稚童都耳熟能详。百姓不讲诚信无法立足,国家不守信义没有威严。国家只有取信于民

才能获得人心归附，政策才能够得以更好地贯彻落实，商鞅立木为信，广纳天下贤才，新法推行，秦国日渐昌盛。国与国之间若想建立牢不可摧的互信关系也需遵守诚信原则，周幽王烽火戏诸侯，国家危亡之秋无人相助。如此之类的诚信典故不胜枚举，诚信道德深深地烙印在中华民族的精神脊髓之中，也因此我国以"礼仪之邦"著称于世。

改革开放以来，资本主义的思想浪潮也伴随着国门的打开纷至沓来，资本主义孕育出了鼓励人类追逐私利的价值观念，使得极端的个人利欲熏心，进而产生了许多违背诚信原则的现象。同时当前社会主义市场经济体制仍然有不足之处，客观上，市场具有自发性，存在严重的信息不对称；主观上，市场主体对于经济规律还不甚了解。因此非诚信行为并不是偶然发生的。除此之外，我国当前的法律制度建设相对于经济发展速度较为滞后，信用市场的活动成本低廉，一些失信行为没有受到应有的惩罚，导致传统诚信观念日渐走向衰微。

为解决市场经济背景下人们诚信意识淡薄的问题，党中央和国务院从法制建设和社会道德规范两个层面展开社会信用体系建设，效果显著，但是在部分领域仍然存在与生产力水平不相适应的地方。问题表现在如下两个方面：

其一，人们的诚信意识较为淡薄，对信用的认知不足，一些市场主体缺乏契约精神，社会中尚未形成人人履约践诺、人人诚实守信的良好氛围，各行各业中还存在不少失信行为导致的各类问题。

其二，社会信用体系基础设施建设不完全。首先，信用档案没有覆盖到全体社会成员，依据现有的信用数据难以建立起覆盖全社会的征信系统；其次，还未建立起全面有效的守信激励和失信惩戒机制，人们缺乏诚实守信的外部激励，而一些失信者并没有为其行为付出足够的代价；最后，没有充分利用市场力量建设信用服务体系，第三方信用服务机构尚不成熟，存在服务行为不规范、数据采集共享困难等问题，缺乏公信力。

（二）新时代中国特色社会主义信用体系的内涵

新时代中国特色社会主义信用体系建设主要是从诚信制度化和弘扬诚信文化两个方面推进的。一方面为诚信建设提供制度保障。习近平总书记强调解决诚信缺失问题的关键在于建立能够覆盖全社会的征信系统，完善守信激励和失信惩戒制度，严厉打击见利忘义、制假售假的违法行为，让不守信用、败德违法者受到严惩。2014年6月27日，国务院制定的《社会信用体系建设规划纲要（2014—2020年）》（以下简称《纲要》）正式出台，发挥着总领社会信用体系建设全局的作用。另一方面通过弘扬中华民族传统文化，使得中国人民重新燃起守信重诺的热情。习近平总书记多次提及中国人民历来尊崇"言必信，行必果""人而无信，不知其可也"的优秀传统，作为中华民族传统美德之一的诚信具有鲜明的民族性和永不凋零的时代性。无论是在社会生活中，还是在治国理政上，甚至于外交关系中，诚实守信理念都发挥着巨大的作用，是企业、领导干部、国家等各类主体都需要奉行的准则。

依据中国实际，《纲要》对新时代中国特色社会主义信用体系的概念给出了详尽的阐释。与西方国家不同，我国建立的社会信用体系不只局限于经济交易和金融活动，而是由经济交易信用体系和社会诚信体系构成的具有广泛意义的信用体系。《纲要》指出，我国社会信用体系依赖于完善的法律、法规、标准和契约，建立起覆盖全社会的信用档案和积极推进信用基础设施网络建设是解决诚信缺失问题的关键措施，辅助性手段为信用信息合规应用和市场化的信用服务体系，并推动守信激励、失信惩戒,旨在培养守信践诺的社会氛围。经济交易信用和社会诚信构成我国信用体系的两套机制,两者分别涉及经济信用和公共信用,其中经济信用又可分为商务信用和金融信用。我国之所以同时存在两套信用机制,主要原因在于我国法治与道德建设都远未成熟,诚信缺失和信用交易风险成为社会关注的焦点之一。

(三)社会信用体系建设的四大重点领域

根据《纲要》,我国社会诚信建设的四大重点领域分别为政务诚信、商务诚信、社会诚信和司法公信建设(见图6-1)。

图6-1 社会信用体系建设的四大重点领域

政务诚信是指政府行政需要守信践诺,政府官员尤其需要成为全体公民的榜样,具体表现为依法行政。因此坚持政务诚信与建设法治政府是相互促进的关系,坚持政务诚信有利于增强公众对政府的信任程度,是建设诚信体系的前提和基础。

商务诚信即企业、消费者等各类市场主体之间保持和谐关系,市场交易中遵守诚实守信原则,主要工作目标包括建立健全商务信用信息共享机制、积极发展信用服务业以及弘扬商业诚信文化等,主要建设领域涵盖生产流通、金融税务、交通运输等。商务诚信建设是市场经济有序发展的重要制度保障。

社会诚信是指要使诚实守信的风气影响到整个社会大环境。在个人层面，要遵守社会道德规范；在社会层面，要重点围绕医疗卫生、食品医药安全、社会福利与社会保障、环境保护和能源节约、文化教育、旅游业等各个领域开展诚信建设。

司法公信是指司法机关在法律范围内行使司法权，保证裁判过程及判定结果符合公平公正原则，司法机构及其工作人员在社会中有较好的声誉，得到民众的充分信赖、尊重与认同。深化司法体制改革是推动司法公信建设的必经之路，同时还需要推进司法全过程透明化、加强司法工作的各方监督和努力提高司法执法能力。

1. 政务诚信要求政府发挥信用体系建设的表率作用

政务诚信在信用数据信息体系建设中发挥着表率的作用，其原因在于我国授信制度是由政府主导建立起来的，同时政府还是信息数据资源的垄断者，并负责我国信用体系建设规则的制定和执行，因此只有保证公权力的纯洁性，才能使得整个社会的信用数据信息循环链条正常运转。目前我国的政务建设全面覆盖了党和政府两个维度：

在党员干部队伍建设层面，中国共产党始终把党要管党、从严治党的理念放在党建的重要战略位置，贴近群众，巩固党的执政基础。我国党建活动高度重视精神层面的教育，例如2021年起中国共产党党内全面开启了党史教育，要求党员干部坚定信念。在制度方面尤其重视激励机制和容错纠错机制，提高领导队伍特别是高级干部的素质，严厉打击贪污腐败、懒政怠政行为。通过全面从严治党培养在信念、政治、责任、能力、作风方面更加过硬的党员队伍，充分发挥党员干部的先锋模范作用，增强党的执政能力。

在政府层面，不断强调深化"放管服"改革的必要性，合理划分政府和市场的边界，防止政府违背市场经济规律利用行政手段直接配置资源，推动政府职能的转变。除此之外，促进政务信息公开透明，将政府行为暴露在阳光之下，借助多方监督避免渎职、贪污、滥用职权现象的发生。为推动政务信息公开，在政府主导、社会参与下我国逐渐建立了"好差评"系统、政府门户网站、"12345"政务服务便民热线以及互联网监督平台，逐步减少了政府和群众的交流障碍。同时积极推动各级政府之间信息资源共享、互相监督，先后建立了各部门协调联动机制、公开审查制度、监督问责制度等，提高了政府行政效率。

2. 商务诚信是完善市场经济体制的前提和基础

2014年10月13日，商务部制定并公开发布了《商务部关于加快推进商务诚信建设工作的实施意见》，指出商务诚信建设的主要任务是建设"三项机制"，分别是政府主导的行政管理信息共享机制、市场化平台主导的企业综合信用评价机制、第三方机构主导的企业专业信用评价机制。主要目标在于建立政府权力与市场自律共同发挥作用的信用约束机制；推动信用管理相关制度的建立健全，进一步弘扬商业诚信文化；规范发展信用服务业，进而推动信用经济规模增长，最终建立起成熟的商务诚信体系。

在行政管理信息共享工作方面，重点关注商贸流通行业，逐步建立起覆盖全国各省份、以具备资质的企业为主体的企业信用信息平台，并设立了涵盖近300万条企业信用信息的配套数据库。在未来还将把工作重心放在行业信用等级评价信息、违法违规处罚档案、医药购销领域不良信用记录的采集整合上。通过整合相关企业、机构以及个人的信用记录，提高行政管理效率。

在企业综合信用评价工作方面，一方面增加消费信用评价结果的应用场景，在地方商务主管部门的引导下，率先建立起信用评价标准的企业主要来自零售、居民服务等大众消费领域；另一方面，重点围绕批发、物流等贸易流通领域建设交易信用评价机制，地方商务主管部门充分发挥主观能动性，采集市场化平台企业传统交易行为中留存的数据，并据此建立起完善的信用评价机制，并在多元化场景中推广应用评价结果。

在企业专业信用评价工作方面，商务部出台了一系列政策进行引导规范，力图构建政府指导、企业以会员形式参与、行业商协会组织自律、第三方机构提供服务、社会监督的"五位一体"行业信用体系，绝大多数的国民经济行业都得到了覆盖。与此同时，行业商协会还在完善评价流程以对接国际信用评价标准，根据信用数据逐步建立起会员企业的诚信档案，并推动信息共享。

3. 社会诚信是社会信用体系建设的基础

在个人层面，社会成员之间只有以诚相待、以信为本，遵守社会道德规范，才能促进社会进步，实现社会和谐。而在社会层面，要重点围绕以下领域展开诚信建设。①医药卫生领域要加强诚信管理，树立医德医术的纪律，建立诚信医疗服务体系，完善药品安全信用制度，提高药品安全信用监管水平，打击制假贩假。②社会保障领域要完善信用制度，打击各类诈捐骗捐等行为。建立民生政策申请、审核、退出等环节的诚信制度，建立社会保险诚信管理制度。③环境保护和能源节约领域要推进国家环境监测、信息与统计能力建设，建立环境管理、监测信息公开制度，建立企业环境行为信用评价制度，完善企业环境行为信用信息共享机制。④文化教育领域要传承好中华优秀传统诚信文化，同时还要将优秀传统诚信文化转换成现代诚信文化，对其内涵进行补充、拓展与完善，使之与现代社会相适应，与现代诚信文化共同发挥文化的育人功能。⑤旅游领域要建立健全信用公示机制，推动旅游政务信用信息公开，探索建立健全旅行社、旅游景区和宾馆饭店等旅游经营企业的信用等级评估制度。

4. 司法公信是社会公平正义的底线

党的十九大报告强调推动依法治国应将司法改革作为重要手段。全面落实司法责任制则是深化司法改革的重中之重,司法责任制即让司法者对司法过程与司法结果负责,司法工作者需要致力于让人民群众对司法案件的审判过程和结果感受到公平正义。司法责任制不仅使法官掌握审理案件的主导权和决定权,还保留了对法官进行追责的权利,有利于提高法官的素质和改善案件的审判质量。目前最高人民法院已经出台了一系列政策文件以推动司法改革,其中《最高人民法院关于全面深化人民法院改革的意见——人民法院第四个五年改革纲要（2014—2018）》全面部署了司法改革的具体措施,《最高人民法院关于完善人民法院司法责任制的若干意见》进一步明确了建立司法责任制对于司法改革的重要意义,《最高人民法院关于进一步全面落实司法责任制的实施意见》则详细阐述了推动司法责任制建立的措施。

除此之外,我国还在积极布局信用体系建设的配套制度,培养守信为荣、失信为耻的荣辱观,并给予失信人改过自新的信用修复机会。2016年,国务院发布指导意见,指出对于部分信用良好的群体应当提供多渠道的便利措施,包括：对诚信典型和连续三年信用记录良好的行政相对人,根据实际情况实施"绿色通道"和"容缺受理"等便利服务措施;对于诚信企业及其他诚信市场主体,通过优化行政监管安排降低其市场交易成本,并进行公示表彰。同时,进一步加强对失信行为的惩戒与约束,从行政、市场、行业、社会多个方面实行联合惩戒,使得严重失信主体在社会上寸步难行。鼓励跨地区进行联合激励与惩戒,促进部省协同,提高政务信用信息透明度,最大限度地压缩失信行为的空间。最后,完善社会鼓励与关爱机制,给予失信主体自我纠错、信用修复的机会,充分展现人道主义精神,对失信行为人的联合惩戒设定期限，只要其能够在限定期限内端正态度、改正行为、及时消除负面的社会影响，就可以将其从联合惩戒名单中排除。

（四）中国信用体系建设的两套信用机制

与西方围绕经济交易信用建立起来的社会信用体系不同，中国特色的现代社会信用体系存在经济交易信用和社会诚信两套机制。在探讨这两套机制之前，需要明确诚信与信用、经济信用与公共信用的概念。

1. 诚信与信用

西方所说的信用通常指的是狭义的信用，其最显著的特点存在于以征信和评级为核心的市场信用体系中，而中国所指的诚信则专指道德层面的问题，是一种具有主观色彩的价值判断，新时代中国特色社会主义信用体系则没有明确区分诚信与信用的边界。习近平总书记在多个场合强调我国的治国理政经验借鉴了中国优秀传统文化中的哲学思想与道德理念，并将其与时代内涵相融合。"守诚信"就是传统美德与时代价值相结合的典型，它是中华民族在长期实践中培育而成的独特的思想理念，至今都闪耀着永不褪色的光芒。"诚信"作为新时代社会主义核心价值观的重要内容，正是对"守诚信"优秀传统文化的继承与创造性转化。但诚信不仅仅需要道德层面的维护，单纯依靠人格信任建立起的人际关系缺乏可靠的保障，因此新时代的信用体系建设正在积极主导诚信建设的制度化。伴随着社会主义法治体系的建设，社会中重要的道德规范逐渐为法律法规所吸收，法律作为制度化程度最高的规范形式对诚信问题进行了有效的调整，最终形成了当今中国道德、制度、法律多元融合的诚信建设体系。因此诚信在我国是更为广泛的概念，而信用也不仅仅代表基于履行约定、信守合同产生的市场信用，而通常指的是公共信用。正因为如此，我国正在建立的国家信用体系必然与西方国家的信用体系大相迥异，一方面我国高度重视传统金融领域信贷信用市场的发展，另一方面中国的社会信用体系承担的功能更加丰富，这与我国当前所处的发展阶段和特殊国情相适应。

2. 经济信用与公共信用

由于我国的信用体系建设还没有建立起牢固的社会基础，公共信用制度法治体系还不够健全，人们对于公共信用这一概念的认识比较有限。同时相关部门在使用相关概念时，用词不够严谨准确，导致人们对于信用体系建设的重要概念存在理解分歧和误解，例如不清楚金融征信系统和公共信用系统的区别，以及社会信用体系建设中出现了"泛信用化"问题，产生征信滥用，部分地方政府将闯红灯、遛狗不拴狗绳、垃圾分类错误纳入失信行为。若想两套机制能够互相协调、共同推进社会信用体系建设，需要厘清经济信用与公共信用的关系。

传统的经济信用观点将履约状态作为衡量信用的尺度，要求人们在投资和交易过程中信守约定，履行合同义务。在民商法发展早期，民商事法律制度将以信守合同为核心的合同诚信以法律形式确立下来。在当代，诚信这一概念由经济交易领域逐渐延伸到其他领域。诚信道德观被融入立法之中，具体表现为《中华人民共和国民法典》将诚信原则贯穿在总则、物权以及人格权等多个章节中，诚信道德观在各个法治环节中都得到了淋漓尽致的体现。

综上，我国的社会信用体系建设不仅充分考虑了经济信用制度的运行规律，将履行约定视作信用的基本维度，还将遵守法律作为衡量信用的重要维度。其理论依据来源于社会契约论，认为合同是私人之间订立的约定，而法律则是社会大众认可的公约。其实践依据则是随着经济社会的发展，信用的内涵呈多元化趋势，逐步渗透到政治、经济、社会等各个领域，信用评价维度如诚信度、合规度、践约度等也日益丰富。

目前，我国的公共信用制度已经有了较为完善的立法规定。截至

2020年12月，我国包含专门信用条款的法律足足有35部，而行政法规则多达42部，其中许多地方政府也制定了公共信用制度相关法律法规。《上海市社会信用条例》是我国第一部地方性综合性信用法规，该部条例规定，社会信用主要表现为遵守法定或约定的义务。由此可见，中国特色的公共信用制度衡量信用的标准为信用主体对义务的履行程度。

二、新时代中国特色社会主义信用体系与西方的区别

（一）主要矛盾不同

西方在资本主义经济发展初期诚信缺失问题也较为严重，但随着法制建设、道德建设等一系列体制建设，该问题已经得到较为有效的解决，目前主要集中精力化解经济交易中的信用风险。而我国处于构建高水平社会主义市场经济体制的阶段，诚信意识淡薄问题与经济信用风险还较为突出。

1. 美国信用体系的发展历程及主要矛盾

美国信用体系建设的发展历史悠久，是世界上公认的信用管理最发达的国家。因此，下文以美国信用体系的发展历程为例，分析目前西方国家信用体系建设所面临的主要矛盾。

①美国的信用体系是在市场主导下产生的，19世纪中叶，伴随着消费信用的快速扩张而蓬勃发展起来（1841—1935年）。其中最具代表性的案例是芝加哥零售商希尔斯，为实现赊销、促销目的，希尔斯向消费者提供了无担保信贷或分期付款。1860年，美国首家信用报告机构成立，随后全国性的组织也建立起来，即现在的消费者数据产业协会，之后消费者信用征信机构蓬勃发展起来。

②大萧条之后美国政府开始重视金融风险管理，在美国政府的引导下美国信用体系逐渐迈入了快速发展阶段（1936—1968年）。1936年，美国货币监理署发布规定，要求美国国民银行和联邦储备体系中的州银行所持有债券资产的评级不得低于四级，在银行管控信用风险时应将评级机构的评级结果纳入考虑范围。自此，征信评信作为信用活动的甄别机制在信用风险管理中发挥着日益重要的作用，并逐渐发展成为美国信用体系的核心。

③为防范信用过度膨胀，美国政府出台法律以促进信用体系的规范化、稳健化发展（1969年至今）。上一阶段消费信用膨胀过快给美国货币带来了较大的贬值压力，为解决上述问题，美国联邦政府制定的信用方面的专项法律多达十多部。

美国的信用体系发展至今，主要具有以下三个突出特点：

其一，具有健全的体制机制。美国建立起来的现代信用体系基本围绕征信评信授信这一核心，并制定了配套的法律制度提供保障，同时十分重视信用服务业的繁荣发展。与此同时，美国高度重视守信激励与失信惩戒相结合，就企业而言，信用等级直接关系着企业所获得的信用额度、融资成本，就个人而言，信用记录也直接影响着其就业、升值、租赁、工商注册等方面。除此之外，美国还建立了以《公平信用报告法》为核心且几乎涵盖了所有信用关系、信用方式和信用交易全过程的法律体系，促进了美国信用体系的正常运转。

其二，信用建设基础设施完善。目前，美国的征信网络具有两层结构，征信行业的龙头为少数的全国性、综合性机构，同时为满足征信活动的特殊需求，还成立了千余家地方性、专业性机构，并且地方性机构被要求加入全国性机构，成为其会员或网络会员，与其建立业务联系，进而形成上下联动、信息共享的产业链条。美国消费者数据产业协会便是少数征信机构龙头之一，其中益博睿、艾可菲和环联三大信用局皆为该协会的成员，该协会曾颁布了消费者信用报告的标准，并且参与起草了美国信用管理专业法律。除个人征信之外，美国征信体系尤其重视机构征信的发展，标准普尔、穆迪、惠誉等公司便是世界闻名的信用评级机构，为全球资本市场提供信用数据查询、机构评级、信用风险评估、投资研究等服务。

其三，信用主体发育成熟。信用消费培育了美国人民"借钱消费，先用后还"的消费理念，偿还信用卡以履行与银行的契约逐渐培养了消费者的信用意识，进而潜移默化地影响着人们的信用行为，最终使得讲信用、守信用成为人们的日常行为规范。美国建立的FICO系统体现出美国信用管理高度重视量化的特征，评分参考指标广泛，具体包含用户付款记录、信用账户数量、信用历史期限、新开账户及已用信用产品五个方面，再根据各部分在评分中的占比加权得出用户信用得分，分数与用户信用风险负相关。正因此信用评分所参考的信用资料如此详尽，信用评分如此精确，人们不得不对自身的信用活动负责。加之授信者可以随时通过互联网传送、阅览信用报告，并有根据地做出授信决定，因此，信用评分相当于美国人的身份证，而信用对于美国人而言与事业、财富同等重要。

综上所述，在这样一个体制相对健全、信用基础设施较为完善、信用主体发育较为成熟的信用体系之下，美国已经基本形成了诚信守约的社会氛围，诚信缺失问题得到了较为有效的解决。但是信用经济是一把"双刃剑"，信用交易往往与信用危机相伴而生，信用泛滥常常伴随着通货膨胀。发展至今，美国信用体系仍然面临着消费信用业务盲目扩展、消费者滥用信用、信用交易安全等问题。因此，美国今后信用体系建设的重点在于控制信用交易风险。

2. 我国产生诚信危机的原因及信用体系建设的主要矛盾

与西方发达国家不同，我国的信用问题不仅仅表现在经济交易风险方面,在社会交往、经济商务、政治与司法等多个领域也存在信用问题,突出表现为一些主体不遵守公序良俗、不履行合同契约、违背法律法规、不兑现承诺等。诚信美德根植于中华民族的传统文化基因,但近代以来我国却出现了社会诚信危机,其具体原因主要包括以下三个方面。

(1)我国传统文化重诚信而轻契约。

西方文化的精髓在于"契约"。1640年,英国地主帕拉丁将一块土地租给一名叫简的农民,契约规定简需要每年分4次缴纳地租。在契约生效后不久,德国军队入侵英国,简租用的这块土地成了两军的战场,前后三年时间都无法耕种,颗粒无收的简因此拒绝缴纳地租,被帕拉丁一纸诉状告上法庭,英皇最后判决,由于双方的契约没有规定遇到不可抗力因素的除外条款,因此简必须按照契约缴纳地租,即契约没有写明的因素,法律无法保障。由此可见,契约精神具体表现为绝对遵守规则,绝对兑现承诺。

西方的契约精神最早可追溯到古希腊时期,执政官经由选举产生,并有执政期限,其权利与义务有明确的规定。柏拉图曾在《理想国》中朴素地描述了契约与正义之间的关系,正因为人们在过去的交往中发现不正义是一把双刃剑,不仅会带来利益,还可能造成损失,因而人们希望通过订立契约来避免不正义带来的外部性,并将守法践约称为合法与正义。西方宗教文化中也凝结着契约精神,"伊甸园之约"即反映了契约精神重视践诺履约的内核,上帝与人约定了权利和义务,但人类偷吃了禁果,因而被逐出伊甸园。契约精神随着犹太教、基督教的壮大弘扬开来,成为西方文明的核心价值观。

西方的契约精神包含私人和社会两个方面。一方面是私人契约精神,其本质在于通过订立合同来束缚人性,保证交易能够公平公正、顺利安全地进行。这种精神与西方的商业文明相辅相成,契约精神从商业文明中孕育而生，同时从商业文明的繁荣中汲取营养。另一方面是社会契约精神，源自资产革命时期的古典自然法学派，对近代西方的民主政治与法治都产生了深远的影响，例如，16、17世纪的经院学者在研究罗马法制度时便运用了亚里士多德和阿奎那的契约思想，发展到17、18世纪，经院学者的契约理论在早期自然法学者时期得到继承和发展，其中的社会政治理念在法国民法典中得到了体现。

而中国起源于农耕文明，差序格局发展出阶级社会，特权阶级享受着无上的权力，而不必履行相应的义务，权责关系处于分离状态。而为统治阶级服务的儒家思想也自然表现出对契约的不重视，儒家思想以"仁"为伦理核心，以"义"为价值导向，主张"亲亲、尊尊、长长"的伦理纲常，孕育了当今中国社会的人情文化（儒家学派代表人物孔丘的画像见图6-2）。而作为传统伦理道德的诚信则强调的是自律和良知，是一种软性的力量，缺乏外在的束缚。当人们突破良知的底线时，社会中就产生了诚信危机。

图6-2 儒家学派代表人物孔丘

（2）构建高水平社会主义市场经济体制面临信用挑战。

党的二十大指出我国现在正处于构建高水平社会主义市场经济体制的阶段。尽管如此，在信用体系发展方面，我国仍然面临一定的挑战。传统信用体系与生产力发展不相适应而被打破，新的社会信用体系尚未完全建立。一方面，市场经济刺激和引发了人们的物质欲望，使得部分群体为追求利益不择手段，市场经济的利润最大化原则被这部分群体运用到人际关系中，扭曲了原有的诚信价值观。另一方面，随着城镇化的发展，人员流动性增加，传统熟人社会格局逐渐消失，过去邻里之间诚信的约束力减弱，同时尚不完善的市场经济体制还不能对市场主体形成硬性约束，最终使得失信行为时常发生。比如，民间有句俗语称"民以食为天"，但是国内的食品安全问题仍时有发生。这些问题反映出，在构建高水平社会主义市场经济体制的阶段，信用体系仍需不断完善和发展，以确保人民群众的利益得到切实保障。

（3）道德和法治建设相对滞后。

改革开放以来，我国物质文明建设取得了巨大的进步，而精神文明建设却相对滞后于经济发展。这具体表现在：

其一，近些年，我国的学校教育和家庭教育都过分强调知识教育，而道德教育则相对落后，同时我国教育对诚信意识的培养较为疏忽，一方面表现为德育的内容缺乏科学性，并没有结合创新性的时代精神，而是照搬传统内容，造成课程枯燥无趣，难以被其内化和实践；另一方面，教育者趋向于以知识教育的方式普及道德教育，而道德不同于学科知识，采用生硬而机械的灌输方式，而忽略其中的内在哲理和实践要求，容易导致学生知行脱节。

其二，我国尚未建立起完善的道德建设惩戒机制，对于公民道德失范行为的处罚力度过轻且手段单一，并没有对道德失范者形成足够的震慑作用。对品德不良者进行惩戒时，我国更加重教化劝导而轻管教约束,在一定程度上助长了道德失范者的气焰,使其养成了破坏社会公德的陋习恶习。同时我国道德建设的惩戒依据不足,社会主义核心价值观的宣传还不够到位,还没有融入人民生活的方方面面,各种文化涌入国门、相互激荡,对人们思想观念与行为方式的影响具有双面性,在一定程度上造成部分人群没有严格遵守社会主义荣辱观这一统一的道德判断标准,阻碍了我国公民道德修养培养的进程。

除此之外,社会信用体系建设还需要健全的制度保障,但目前我国法治建设相对滞后,缺乏国家层面的信用管理法律,对社会信用体系建设产生了消极影响:

一方面,黑名单制度和失信联合惩戒机制有些流于形式,缺乏实质性。针对失信惩戒的法律制度保障,各地政府相继出台了地方性法律文件,但由于缺乏统一标准与协调沟通,暴露出立法质量参差不齐的问题,甚至有部分条款存在与现行规定相冲突的现象,造成各地信用体系建设各自为战。全国已签署的联合奖惩备忘录虽然超过50个,但缺乏刚性的法律依据,造成失信惩戒实施效果并不理想,对于失信行为缺乏威慑力。

另一方面,关系社会主体权益的配套机制尚未有效建立,造成一部分普通民众权益受损,其中最主要的是个人隐私信息安全以及信用修复两个方面。我国国家层面的社会信用法律处于长期缺位状态,信用信息得不到法律的界定和保护,造成不法分子钻法律的漏洞,随意泄露和滥用个人信用信息,进而导致一部分信用主体的合法权益被严重侵犯。而信用修复制度由于缺少上位法支撑,容易导致部分承担修复职能的部门自由裁量权过大,产生权力寻租风险,部分政府官员甚至"以权谋私",最终导致惩戒力度过轻,难以形成示范效应。

综上所述,我国信用体系建设处于初级阶段,旧有的诚信原则作用机制与社会主义市场经济发展的新情况出现了尖锐冲突,现实迫切呼唤重建与市场经济相适应的诚信作用机制。这就是要将中华传统道德礼俗与现代信用管理体系有机结合。

（二）包含内容不同

我国社会信用体系包括经济交易信用和社会诚信两个部分。社会诚信体系覆盖各个行业的信用，通过大数据纳入大量的公共信息，由此信用奖惩机制可以跨部门跨地区发挥作用。

1. 美国信用体系建设集中服务于经济交易活动

从上文美国的信用体系发展历程便可看出，美国信用体系起源于信贷活动，与市场经济发展相适应，法律上相对完善，经济上基础雄厚，文化上信用意识较为深入人心，其信用体系围绕经济交易和金融活动，其实质就是信用交易风险管理体系。其主要特征表现为：

其一，社会信用相关法律法规主要围绕管控信用交易风险展开。美国信用法律体系有两大支柱，分别为《公平信用报告法》和《金融服务现代化法》，之后相继出台了《平等信用机会法》《公平债务催收作业法》《诚实租借法》等相关法律，美国信用法律体系的基本框架逐渐成形。美国已有十几部信用管理相关法律，其中与消费者保护相关的法律所占比例约为五分之三，而其余五分之二则是为规范金融机构信用所颁布的法律，不管是哪一类法律，都脱不开与经济活动的关系。《公平信用报告法》是规范信用报告行业的基础性法律。该项法律明确规定：消费者拥有到信用局查阅本人信用记录的权利，并且如果发现任何有误之处，可以要求调查和修正；信用报告行业参与者须严格保护个人信用信息安全，限制他人查阅信用档案等。

其二，作为美国信用体系主体的信用中介机构主要为经济交易和金融活动服务。美国有大量的专业化信用中介机构提供征信、信用评级等服务，具体种类包括征信公司、个人资信公司、资信评级公司等。其中邓白氏集团是全美规模最大的企业征信公司，数据库覆盖了超过3亿家企业的记录及数千家企业的特征信息[①]，主要业务为向客户提供研究报告及专业投资经验，协助客户做出商业决策来创造价值。益博睿、艾克菲、环联则在个人资信方面具有龙头地位。这四家征信巨头的营业收入占据美国征信市场的半壁江山。其中，益博睿拥有信用服务、决策分析、市场营销服务和消费者服务四大业务条线，通过其掌握的个人资信情况帮助企业进行信贷风险管理、避免遭受欺诈、制定营销战略，以实现自动化决策。因此通过观察这四家公司的主营业务，我们可以判断出，美国征信机构的主要营业收入仍然是来自与经济交易相关的业务，美国的信用体系建设仍然是为经济交易服务的。

其三，美国负责信用监督和信用执法的政府机构以及市场自律组织同样承担着经济领域建设发展的职能。例如，主要职能为反垄断的联邦贸易委员会在信用监管方面也承担着主要责任，其职责包括收集和整理情报资料、调查商业组织和商业活动以及监督不正当的商业活动以避免不公平竞争，由此也可看出，联邦贸易委员会不仅是主要的信用监管机构，更是市场经济下商业活动的服务者。另外行业协会的作用也不可忽视，主要行业协会有美国信用管理协会、美国信用报告协会、美国收账协会等。其中，美国信用管理协会成立最早，据统计现有16 000多家会员，商业信用拓展是其核心业务，即向会员提供商业信用报告。同样地，行业协会所从事的业务也主要在经济领域，发挥着防范信用交易风险的重要作用。

2. 中国信用体系建设同步推进市场信用监管与社会治理

我国公共信用体系建设并非一成不变，而是在实践过程中摸索并

---

① 数据来源于邓白氏集团官网。

不断调整，概括来说主要经历了三个阶段的演进：起步阶段以征信为核心的信用体系，过渡阶段建立的评价体系，以及当前以信息数据为基础的、市场监管与社会治理相结合的新时代中国特色社会主义信用体系。整个过程按照由浅入深、由点及面的原则演变。同时，我们还需明确，建立完善的征信、评价、评级制度不是我国公共信用体系建设的终极目标，这仅仅是过渡阶段的目标。

（1）信用数据信息的记录是广义信用的实现形式。

从理论角度来看，我国公共信用体系建设的背景、目的、发展路径和功能与发达国家的征信体系存在差异。

学界根据《社会信用体系建设规划纲要（2014—2020年）》给出了社会信用体系的普遍定义：

具有完全行为能力的自然人、法人和非法人组织（统称为"数据信息主体"）履行法定或者约定义务的状况。

也就是说，信用指的是信息主体对法定或者约定义务的履约程度，不同于金融领域提供无担保贷款或分期付款情况下的定义，该定义中的信用的本质在于履行义务，涵盖更广泛的主体，涉及更多元的领域。

同时信用的定义不是一成不变的，而是不断更新的，在互联网时代、信息数字经济迅猛发展的背景下考察信用应将实践现象纳入考虑之中：

一是信用内涵的变化。2015年1月5日，中国人民银行发布通知宣布允许8家机构经营个人征信业务，为大众所熟知的蚂蚁金服旗下的芝麻信用便是其中之一。在大数据分析技术的支持下，芝麻信用对个人信用情况进行综合分析和评估，数据来源广泛，包括电子商务、互联网金融、用户留存等线上渠道以及公共机构、合作伙伴等线下渠道，信用评分详细分析了用户的身份特质、人脉关系、信用历史、行为偏好和履约能力（见图6-3），评分应用场景覆盖了从金融行业到服务行业、从租赁业务到婚恋业务等多个领域，充分渗透到老百姓生活的方方面面。由此可见，信用的边界已经突破道德层面的诚信原则，向社会经济领域延伸。

图6-3 芝麻信用分评分维度

二是信用数据信息征集手段的变化。从传统的农业文明社会、工业文明社会到如今的信息社会，各式各样的证明总是充斥于经济社会活动中，身份证明、结婚证明、居住证明等证明贯穿了人的一生，证明构成了社会的信任体系。"我是我""我妈是我妈"诸如此类的奇葩证明问题背后隐藏的是传统管理制度不顺应信息生产力的发展。2018年电子身份证在中国诞生，支付宝平台支持"居民身份证网上功能凭证"功能（见图6-4），以解决互联网身份认证困难这一问题。信息社会中数字生产力的高速发展对证明过程也提出了更为精细、复杂的要求，而更先进的信息技术则保证了这一过程的高效运行。

三是信任机制的变化。人与人之间的信任需要一定的凭证和依据，并且该种凭证会随着生产力的发展而发生改变，因此在人类社会的不同阶段凭证的形式是不同的。根据社会学研究的结论，人类社会

图 6-4　居民身份证网上功能凭证

的信任模式可以分为三个阶段：在农耕经济时代，熟人社会的信任往往建立在人与人之间的熟悉程度上，表现为习俗型的信任关系；在工业经济时代，人口流动性增强造成熟人社会被打破，陌生人之间要想建立信任关系通常依靠契约，契约可以表现为许可证、法律法规、品牌、资本货币等形式；在信息数字社会，计算机的匿名性使得信任关系建立在信息、数据以及计算机程序化的形式之上。现如今信息数字生产力的飞速发展要求与之相适应的信任制度进行变革，即信用从广义上变为信用数据信息的记录，也即信息逐渐成为各种信任的凭证和依据。互联网平台利用大数据技术实现了信任机制的程序化运行，以支付宝下的消费借款平台花呗为例，花呗根据用户信息分析其信用状况，并设定借款额度，同时额度会根据消费习惯和还款情况变动，通过技术和平台在控制违约风险的同时，促进小额信贷业务规模快速增长。消费者若想具有较高的借贷额度或者持续利用平台借款，必须保证其基于信息得出的信用状况满足平台标准。

综上，新时代中国特色社会主义信用体系所指代的信用已经实现了从狭义的经济金融信用应用场景向广义的信用数据应用场景的跨越，与信息数字生产力的发展相辅相成。

（2）市场信用管理与社会治理正在同步推进。

从实践角度来看，我国的公共信用体系建设已经不再囿于传统的"评价思想"主导模式，而是在向市场监管和社会治理相结合的模式过渡，以适应信息社会的要求，能够实现的功能也比设计之初更为复杂。

在市场监管方面，税务、建筑、食品安全、交通与海关是重点关注的领域。国家税务总局早在2014年就已经发布了《纳税信用管理办法（试行）》，将纳税信用信息纳入信用管理的范畴之中。税务机关组织建立了完善的税务管理系统，在提高税务征收效率的同时，也极大地便利了纳税信息采集。除此之外，税务机关采集纳税信息的渠道还包括国家统一信用信息平台、政府官网及新闻媒体等。然后，税务机关根据采集来的信息进行纳税信用评价，这一过程主要依靠量化得分进行分级，并依法有序地向全社会进行公示。对于不同信用级别的纳税人，税务机关还将提供不同的管理和服务，具体的激励措施包括提供涉税便利措施以及与相关部门实施联合激励措施，相反地，会严格管理、重点监控那些信用记录不良的纳税人，甚至在部分行业实施准入限制。该项政策一经实施，有效地降低了税收征管成本。

在社会治理方面，信用数据管理理念和机制还被逐步应用于医疗卫生、社会保障、环境保护、文化旅游等多个领域。随着社会的进步，信用关系的内涵日益多样化、社会化，并逐渐发展成社会成员之间的基本经济关系。信用的社会化趋势加深，我国进一步强化社会信用管理，致力于建立守信激励、失信惩戒机制，并将其视作我国社会治理创新的基础性工程。以青年信用体系建设为例，该建设项目是我国与时俱进创新社会治理模式的体现，符合"信用+"时代的变革要求。在当代，青年人成为自主创新创业浪潮的主力军，是推动高新技术产业发展、经济繁荣的重要力量，但是与此同时青年创业者还面临着许许多多的困难和障碍，例如资金匮乏、同行恶性竞争、过高的劳动力成本以及政策支持不足等。在资本市场方面，青年信用体系建设正在创造性地建立"中国青年创新创业板"，主要功能是为青年创业者提供融资服务，帮助青年创业者实现梦想，公司成功上市的前提在于挂牌项目和团队成员的信用状况良好，实现了"信用+资本市场"的改进。

综上，在数字化、信息化社会结构里，信用数据信息成为信用的更广义形式，信用在市场监管中发挥着不可替代的作用，同时也逐渐成为社会治理机制创新的核心。公共信用体系建设贯彻我国政府公共管理和公共服务制度变革实践的全过程。

（3）未来公共信用体系建设和社会信用治理的发展方向。

社会治理的主要内容可以概括为政府、社会和私人重新分配公共管理权力，调整政府的社会管理职能，最终目标是实现多元主体协同参与社会公共事务管理。社会治理过程是各方主体以信用为基础开展的，因而其天然与社会信用体系建设之间存在着密不可分的联系，社会信用体系的完善推动社会治理模式的发展。

目前，我国地方政府在"共建、共治、共享"的理念下积极探索社会治理的新模式，其具体措施包括网格化管理、执法部门合并、大部制改革下的执法重心下沉、基层社区治理、党的基层治理等。不难发现，这些试点探索的实践方向与我国以信用为核心的社会治理创新要求相一致，尤其顺应了信用数据信息监管、信用数据征集制度建设的趋势，我国政府通过加强社会信用体系建设促进社会治理创新，并且已经取得了一定的成效。

从本质上看，无论是网格化管理、执法重心下沉还是部门协同监管等，这些实践措施都毫无例外地表现出精细化管理的特点，即提高社会治理的颗粒度，具体表现为将管理单位细化到最小甚至精确到单一个体的行为和需求。以网格化管理为例，随着我国城镇化的发展、人口流动性的增加，城市人口的密集性和流动性与管理的低效性之间的矛盾、居民社区管理需求增长与管理资源有限之间的矛盾愈发尖锐。网格化管理在党的十八届三中全会中被首次提出，即将城市行政区域划分为一个又一个独立的"网格"，政府基层管理以单个网格为单位（城市网格化管理示意图见图6-5）。城市网格化管理综合利用了移动通信、大数据和网络地图等科学技术，在城市实体空间基础上制作出相对应的电子地图，并在电子地图上将电子城区划分成若干个网格，然后在每个网格中安排对应的管理监督员进行全时段监控管理。按照政府各部门的管辖范围以及管理职能确定责任控制区，使得城市各单元网络之间能够有效、便捷、及时地进行信息交流以及资源共享，实现了公共服务的精准化、专业化，体现出扁平化城市管理的鲜明特征。这种管理模式要求政府各部门既要明确各自的职责，又要加强联动治理、共同提供社会服务，这恰好与公共信用管理的理念不谋而合，同时与信息社会实现城市去中心化的趋势不谋而合，有利于促进我国社会的进步与长治久安。

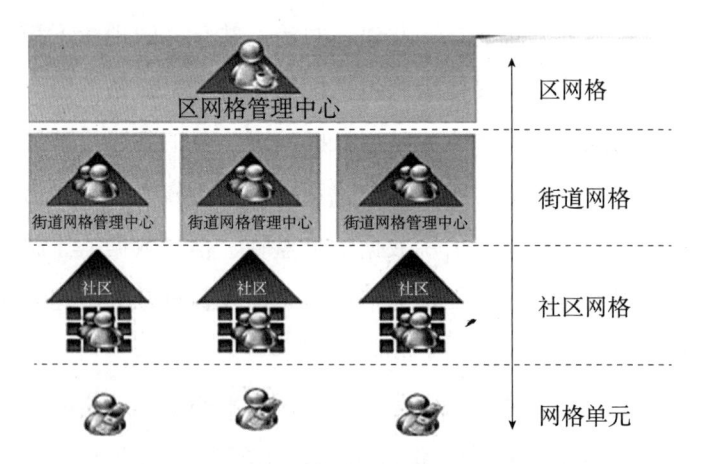

图6-5 城市网格化管理示意图

（三）构建手段不同

西方依靠市场信用构建整个信用体系，中国由于一直以来的宗族组织观念与市场化带来的高流动性相矛盾，故没有西方信用体系的构建基础，由政府主导建立起来的信用体系起步较晚，与西方国家之间还有较大的差距，因此在建设过程中更加注重利用特有的大数据优势，借以加速社会信用体系的发展。

1.西方的信用体系是"由下而上"由市场主导的，中国的信用体系是"由上而下"由政府主导的

在消费信用扩张的背景下，西方的社会信用体系由市场自发建立起来。根据上文所述美国信用体系的发展历程，美国信用体系的建设与市场经济的发展相伴而生，市场经济的进步自发推动信用活动的各要素产生并活跃起来，在政府出台信用法规之后美国信用体系才进入了规范化、成熟化阶段，信用体系建设的本质是为市场经济健康发展、有序运行而服务。

我国社会信用体系建设最鲜明的特点是政府贯穿全程，从制度层面积极推动信用立法工作，从信息层面主导建立统一的信用信息共享系统，从市场层面放宽准入限制、强化扶持政策，从信用监管层面鼓励各部门实施联合奖惩措施，最终构建出的国家治理模式是围绕信用机制展开的，信用信息共享机制是核心，信用服务市场则提供动力，政府在其中发挥信用监管的作用。

国务院为促进社会信用体系建设的顺利开展成立了部际联席会议，并明确由国家发展和改革委员会、中国人民银行担任双牵头单位，负责整体部署、推动协作、推进各项工作等，成员单位共有35个。政府在推动社会信用体系建设方面所做的工作主要有：

第一，完善顶层设计。国务院出台了社会信用体系建设的首部国

家级规划——《社会信用体系建设规划纲要（2014—2020年）》。

第二，推动信用法制建设。为促进征信业的健康发展，国务院出台了《征信管理条例》，同时第十二届全国人大的立法规划纳入了信用法。另外，国务院积极指导地方完善联合惩戒制度，分别与有关部门协调联合出台了有关各行各业加强信用建设的指导意见，尤其是食品、卫生、药品等与民生息息相关的行业，旨在加强信用信息、信用报告的使用以及在环境保护方面推进信用体系建设。

第三，多部门联合推动统一社会信用代码制度的建立，包括公民、法人和其他组织的统一社会信用代码制度。

第四，致力于促进信用信息的共建共享。一方面，政府不应成为信用信息的垄断者，需要推动信用信息跨地区、跨行业、跨部门的传播交流，引导、鼓励、支持第三方信用服务市场的发展；另一方面，政府应加大信用文化的宣传力度，培养民众重信然诺的意识。信用中国网站是由国家发展和改革委员会、中国人民银行共同指导成立的，是政府信用体系建设的宣传窗口，主要承担信用知识科普、公开信用信息发布等职能。

第五，中央对地方的信用体系建设进行定期的督导检查。2013年，我国共计成立了32个信用体系建设工作督导组，分别前往全国各个省份，对其信用建设情况进行监督。

部际联席会议制度成员单位在我国社会信用体系建设中发挥着主体作用。其主要职能包括：综合推进政务、商务、社会及司法四大重点领域的建设；依据国情制定社会信用体系建设中长期规划，并针对新情况、新问题组织专题研究；促进信用立法工作；推动征信系统的全覆盖等。

部际联席会议积极推动"信用＋政务"的发展，推动政务服务信息化。2020年12月，国务院办公厅印发《国务院办公厅关于进一步完善失信约束制度构建诚信建设长效机制的指导意见》。在数据收集与共享方面，该指导意见明确指示，部际联席会议牵头单位会同有关部门依法依规编制全国公共信用信息基础目录，并进行定期更新，打破全国信用信息共享平台、国家企业信用信息公示系统以及相关部门信用信息系统的信息障碍，推动数据共享、互联互通。在联合惩戒方面，该指导意见也给出了明确指示，部际联席会议牵头单位会同有关部门依法依规编制全国失信惩戒措施基础清单，并进行定期更新，有力有序、规范透明地推进联合惩戒。上述工作充分体现了在信息社会，各部门应当充分利用数据进行协调以开展工作。

2. 中国利用大数据优势加速缩小与西方"信用社会"的差距

中国社会信用体系建设需要与大数据相融合的原因主要有四个方面：

第一，我国尚未建立起全面覆盖的征信系统。我国征信系统围绕中国人民银行征信中心逐渐发展起来，但市场化运营的征信机构处于各自为战的状态，缺乏统一的征信市场服务体系。我国的金融信用信息基础数据库是由中国人民银行征信中心主导打造的。根据中国人民银行的权威数据，截至2020年12月底，征信系统共收录了11亿自然人、6 092.3万户企业及其他组织的信息；其中，收录小微企业3 656.1万户、个体工商户1 167万户，规模上目前排名全球第一。尽管如此，我国征信系统覆盖面远不及发达国家，征信系统中仍有几亿人缺乏信贷记录，导致部分弱势群体的金融需求不能得到充分满足。党的十八大以来，普惠金融的理念成为促进金融为实体经济服务的着力点，当务之急是需要构建一套基于普惠理念覆盖全民的诚信评估体系。

第二，我国征信系统数据来源渠道单一。目前央行提供的征信数据及互联网征信数据构成了我国征信行业所使用数据的主流，但是传统征信系统的数据来源具有局限性，行业上由于体制和技术等原因较为单一，内容上缺少绝大多数人的税务、医疗、消费等重要信息。互联网的发展虽然极大地壮大了数据的规模，丰富了数据的种类，但是由于市场上传统与非传统机构的征信业务和创新产品交叉出现，因此征信数据质量良莠不齐。除此之外，由于中国人民银行征信系统垄断了部分公共金融信用信息数据，独立征信机构难以获得此类数据的使用权限，同时部分互联网企业技术水平有限，实力参差不齐，造成用户征信信息安全受到威胁，规范性没有达到中国人民银行征信系统的标准。总而言之，信息孤岛及数据壁垒成为当前阻碍我国社会信用体系前进的重大问题。在当前中国个人信贷记录数量少、开放程度不够的背景下，无论是商业交易还是社会生活行为等数据都可以成为全面衡量个人信用的指标，未来还需利用大数据技术实现信息资源共享和数据整合，拓宽信用评价的数据来源渠道。

第三，我国信用评估结果更新速度亟待提高。一代征信已经实现了大部分数据的次日更新，根据 2019 年 4 月 22 日央行官网的公开新闻，中国人民银行征信中心有关负责人明确指出了二代征信的信息更新频率将会进一步提升。但中国人民银行提供的个人信用报告往往仅包括基本身份信息、信贷交易记录、负债情况、生活缴费等非信贷交易信息以及行政处罚等公共信息，仅依靠中国人民银行提供的信息实时更新功能难以全面动态反映个人的信用状况。除此之外，信用报告所依据的数据是由商业银行或者其他金融机构提供的，如发放贷款、结清贷款、发放信用卡、结清信用卡等，现在各个金融机构的报送系统接入情况不同，报送方式和时间也不相同，因此中国人民银行在汇总、整理并分析数据信息的过程中也会存在延迟，最终导致我国目前的信用评估结果更新频率低。更为重要的是，当前的信用评估不具备风险预警功能，往往是在客户发生违约情况后下调信用评级，而无法在客户发生异动时防范风险的发生。

第四，传统的信用信息分析方法与信息爆炸时代存在脱节之处。传统的信用信息分析方法主要包括经验制度、特征分析、信用评分等手段，依靠专业人员的主观判断，或是通过基础的多变量模型进行判别和分析。当前社会信息规模空前，互联网的发展更是极大地提升了数据量的级别，数据结构的复杂程度也远远高于传统信用信息。2021年9月30日，中国人民银行宣布要将征信替代数据纳入监管范围，包括个人的交易、社交、上网痕迹等，数据信息将更加零星、分散且结构复杂，而数据处理到位才能更充分地挖掘信息价值，数据的处理往往需要多种技术的协同，因此传统的大数据分析工具需要更新换代。

大数据技术的优势可以从评估维度、征信主体、应用场景三个角度，有效弥补当前社会信用体系建设的短板，加速缩小中国与西方"信用社会"的差距。

首先，大数据技术帮助中国的社会信用体系从单纯依托金融体系数据向利用跨领域跨行业融合数据演进。大数据丰富了信息的类别，使得多类型的替代数据出现，大数据征信高效利用各类信息，除了分析并使用传统的个人信贷记录以外，还对互联网的浏览内容、上传信息进行深度挖掘，具体覆盖税务、医疗、消费等多方面。SPSS、Spark、Hadoop、网络爬虫等先进技术实现的功能有实时计算、处理数据流等，有效地勾画了网络用户的身份信息、兴趣爱好、消费偏好等多维度的形象，为预测用户行为提供了便利，能更好地提供风险预警、防范信用风险的发生。图6-6概括了大数据在征信中发挥的作用。

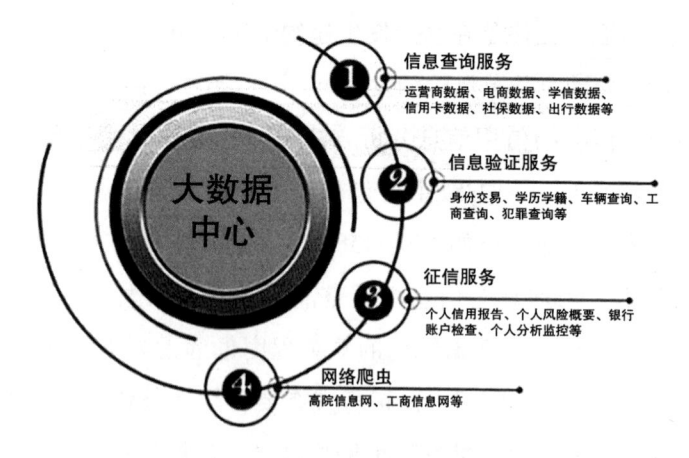

图 6-6　大数据在征信中发挥的作用

其次，大数据技术的应用可以促进征信主体多元化，实现央行和民间征信机构之间的有益补充。百行征信是由中国互联网金融协会牵头、8家市场机构参与的个人征信机构，主要成员包括芝麻信用、腾讯征信等，目前已有两百多家机构与百行征信签署了信用信息合作协议，涵盖网络信贷信息中介机构（P2P）、网络小额贷款公司、民营银行、融资租赁公司、消费金融公司、汽车金融公司等，并将逐渐覆盖到由水电气话等公用单位及运营商掌握的、能影响个人信用状况的替代数据，几乎覆盖了所有的民间征信信息。百行征信的成立打破了以往民间机构的信息孤岛状态，不同机构可以相互查阅调用彼此存储的用户信贷信息。一方面，这使得监管层可以全面掌握央行及民间金融机构的信用数据，从而防范系统性金融风险；另一方面，这有助于打破政府对信息数据资源的垄断，推动征信市场化，提高公共数据库的市场利用率。

最后，大数据技术有利于信用应用场景的多元化（见图6-7）。信用的"变现"已经跳出了常规的信用借贷模式，向租赁、酒店、租房、共享单车、婚恋等近百个场景延伸。以芝麻信用与哈啰单车的跨界合作为例，2017 年，哈啰单车推出免押金服务模式，参与主体的芝麻信用评分需要达到 650 分以上。用户使用支付宝软件扫描车身二维码，并对芝麻信用小程序授权，就可以参与免押金骑行。一年的试运行充分验证了该种服务模式的可行性和优势所在，根据哈啰出行公开披露的数据，2019 年哈啰单车破坏率同比下降了 37%，该模式一方面消除了客户对于平台能否退还押金的隐忧，极大地提高了用户的消费体验，另一方面对文明用车行为给予了正向激励，有利于企业的共享单车运营。芝麻信用引领了信用的场景多元化热潮，腾讯征信、考拉征信等八大个人征信机构也纷纷利用其积累的客户数据推动信用变现。

图 6-7　大数据的广泛应用

参考文献

[1] C. Bjørnskov. How Does Social Trust Affect Economic Growth?. *Southern Economic Journal*, 2012, 78(4).

[2] Devesh Roy,Abdul Munasib,Xing Chen. Social Trust and International Trade: The Interplay between Social Trust and Formal Finance. *Review of World Economics*, 2014, 150(4).

[3] Edward L. Glaeser, David I. Laibson, Jose A. Scheinkman,Christine L. Soutter. Measuring Trust. *The Quarterly Journal of Economics*, 2000, 115(3).

[4] Fabio Sabatini, Francesca Modena, Ermanno Tortia. Do Cooperative Enterprises Create Social Trust?. *Small Business Economics*, 2014, 42(3).

[5] James S. Coleman. Social Capital in the Creation of Human Capital. *American Journal of Sociology*, 1988, 94.

[6] Janine Nahapiet, Sumantra Ghoshal. Social Capital, Intellectual Capital, and the Organizational Advantage. *The Academy of Management Review*, 1998, 23(2).

[7] Kenneth Newton. Trust, Social Capital, Civil Society, and Democracy. *International Political Science Review*, 2001, 22(2).

[8] M. M. 博斯坦，H. J. 哈巴库克. 剑桥欧洲经济史. 北京：经济科学出版社，2004.

[9] 埃克哈特·施里特. 习俗与经济. 长春：长春出版社，2005.

[10] 巴里·尼古拉斯. 罗马法概论. 北京：法律出版社，2010.

[11] 布鲁斯·L. 雪莱. 基督教会史. 上海：上海人民出版社，2012.

[12] 蔡旭. 新中国成立以来我国社会信用体系建设的历程、经验与展望. 云

梦学刊，2020，41（2）：32-38.

[13] 道格拉斯·C.诺斯.经济史中的结构与变迁.上海：上海人民出版社，1994.

[14] 费孝通.乡土中国.北京：人民出版社，2015.

[15] 弗朗西斯·福山.信任：社会美德与创造经济繁荣.海口：海南出版社，2001.

[16] 傅宗文.宋代草市镇研究.福州：福建人民出版社，1991.

[17] 葛金芳.宋代经济：从传统向现代转变的首次启动.中国经济史研究，2005（1）：78-86.

[18] 国家发展改革委办公厅，人民银行办公厅.国家发展改革委办公厅 人民银行办公厅关于对失信主体加强信用监管的通知.国家发展和改革委员会网站，2018-07-24.

[19] 国家发展改革委，人民银行.国家发展改革委 人民银行关于加强和规范守信联合激励和失信联合惩戒对象名单管理工作的指导意见.国家发展和改革委员会网站，2017-10-30.

[20] 国务院办公厅.国务院办公厅关于加快推进社会信用体系建设构建以信用为基础的新型监管机制的指导意见.中央政府门户网站，2019-07-16.

[21] 国务院办公厅.国务院办公厅关于建立国务院社会信用体系建设部际联席会议制度的通知.中央政府门户网站，2007-04-18.

[22] 国务院.国务院关于建立完善守信联合激励和失信联合惩戒制度加快推进社会诚信建设的指导意见.中央政府门户网站，2016-05-30.

[23] 国务院印发《社会信用体系建设规划纲要（2014—2020年）》.中央政府门户网站，2014-06-27.

[24] 哈罗德·J.伯尔曼.法律与革命.北京：法律出版社，2018.

[25] 韩喜平.马克思的信用理论及我国信用制度的构建.当代经济研究，2000（7）：8-12.

[26] 洪葭管.金融话旧.北京：中国金融出版社，1991.

[27] 胡仙芝.我国政务公开的现状、挑战与进路.国家治理，2021（9）：40-44.

[28] 贾士毅.国债与金融：第1编.北京：商务印书馆，1930.

[29] 江曙霞，马理，张纯威.中国民间信用——社会·文化背景探析.北京：中国财政经济出版社，2003.

[30] 蒋韬.信用体系建设需要大数据.清华金融评论,2017(4):97-99.

[31] 交通银行总行,中国第二历史档案馆.交通银行史料:第1卷上册.北京:中国金融出版社,1995.

[32] 劳伦斯·H·怀特.货币制度理论.北京:中国人民大学出版社,2004.

[33] 林钧跃.美国信用管理的相关法律体系.世界经济,2000(4):62-67.

[34] 刘梦雨,王砾尧.第三方力量——国家发改委引入第三方信用服务机构参与行业信用建设与监管纪实.中国信用,2017(12):18-29.

[35] 刘燕.公司法定审计模式的演变——以英国公司法为背景的考察.审计与经济研究,2005(2):49-51.

[36] 路德维希·冯·米塞斯.货币和信用理论.北京:商务印书馆,2015.

[37] 罗伯特·E.勒纳,斯坦迪什·米查姆,爱德华·麦克纳尔·伯恩斯.西方文明史.北京:中国青年出版社,2003.

[38] 罗伯特·科尔.消费者与商业信用管理(第11版).北京:中国人民大学出版社,2004.

[39] 罗平.外部信用评级与内部信用评级体系.北京:中国金融出版社,2004.

[40] 玛格里特·米勒.征信体系和国际经济.北京:中国金融出版社,2004.

[41] 毛园.司法公开与提升司法公信力问题研究.法制博览,2019(24):26-29.

[42] 诺曼·戴维斯.欧洲史.北京:世界知识出版社,2007.

[43] 钱穆.中国文化史导论.北京:商务印书馆,1994.

[44] 让·里瓦尔.银行史.北京:商务印书馆,1997.

[45] 沈岿.社会信用体系建设的法治之道.中国法学,2019(5):25-46.

[46] 汪育明.信用信息共享支撑"放管服"的实践探索与改革建议.宏观经济管理,2020(11):14-19+32.

[47] 韦森.社会秩序的经济分析导论.上海:上海三联书店,2001.

[48] 徐宪平.关于美国信用体系的研究与思考.管理世界,2006(5):1-9.

[49] 姚洋.制度与效率:与诺斯对话.成都:四川人民出版社,2002.

[50] 叶世昌,潘连贵.中国古近代金融史.上海:复旦大学出版社,2001.

[51] 詹姆斯·W.汤普逊.中世纪晚期欧洲经济社会史.北京:商务印书馆,2011.

[52] 张国辉.晚清钱庄和票号研究.北京:中华书局,1989.

[53] 张国辉.中国金融通史:第2卷.北京:中国金融出版社,2003.

[54] 赵冈，陈钟毅．中国经济制度史论．北京：新星出版社，2006．

[55] 中国人民银行总行参事室金融史料组．中国近代货币史资料：第1辑下册．北京：中华书局，1964．

[56] 钟思远，刘基荣．民国私营银行史．成都：四川大学出版社，1999．

[57] 朱瑞熙．宋代社会研究．郑州：中州书画社，1983．

图书在版编目（CIP）数据

现代信用体系建设 / 黄勃著. -- 北京：中国人民大学出版社，2023.5
（中国现代财税金融体制建设丛书）
ISBN 978-7-300-31598-0

Ⅰ.①现… Ⅱ.①黄… Ⅲ.①信用制度—建设—研究—中国 Ⅳ.①F832.4

中国国家版本馆CIP数据核字（2023）第061501号

中国现代财税金融体制建设丛书
现代信用体系建设
黄 勃 著
Xiandai Xinyong Tixi Jianshe

出版发行	中国人民大学出版社			
社　　址	北京中关村大街31号	邮政编码	100080	
电　　话	010-62511242（总编室）	010-62511770（质管部）		
	010-82501766（邮购部）	010-62514148（门市部）		
	010-62515195（发行公司）	010-62515275（盗版举报）		
网　　址	http://www.crup.com.cn			
经　　销	新华书店			
印　　刷	涿州市星河印刷有限公司			
开　　本	720 mm × 1000 mm　1/16	版　次	2023年5月第1版	
印　　张	12.75　插页1	印　次	2023年5月第1次印刷	
字　　数	158 000	定　价	68.00元	

版权所有　侵权必究　印装差错　负责调换